매출 10배 올려주는
상세페이지
기획과 디자인

스마트스토어, 쿠팡, 인스타마켓, 쇼핑몰 랜딩페이지의 정석

매출 10배 올려주는

상세페이지 기획과 디자인

스마트스토어, 쿠팡, 인스타마켓, 쇼핑몰 랜딩페이지의 정석

초판 1쇄 인쇄 ┃ 2023년 07월 05일
초판 1쇄 발행 ┃ 2023년 07월 12일

지은이 ┃ 조해윤 임헌수
펴낸이 ┃ 최화숙
편집인 ┃ 유창언
펴낸곳 ┃ 이코노믹북스

등록번호 ┃ 제1994-000059호
출판등록 ┃ 1994. 06. 09

주소 ┃ 서울시 마포구 성미산로2길 33(서교동), 202호
전화 ┃ 02)335-7353~4
팩스 ┃ 02)325-4305
이메일 ┃ pub95@hanmail.net ┃ pub95@naver.com

ⓒ 조해윤 임헌수 2023
ISBN 979-89-5775-306-4 03320
값 21,000원

매출 10배 올려주는
상세페이지 기획과 디자인

스마트스토어, 쿠팡, 인스타마켓, 쇼핑몰 랜딩페이지의 정석

조해윤 임헌수 지음

이코노믹북스

코로나19를 겪으며 우리의 모든 생활이 온라인으로 재편되었습니다. 오프라인 좋은 상권에서 훌륭한 제품으로 많은 매출을 올리고 있던 업체도 온라인상에서의 생존을 고심하지 않으면 안 되는 시점이 도래했죠.

하지만 많은 오프라인 업체들이 온라인으로의 전환에 어려움을 겪습니다. 온라인 시장은 오프라인 시장과 180도 다릅니다. 고객과 직접 대면해서 내 제품을 조리 있게 설명할 시간이 온라인상에는 '없습니다.' 인상 좋은 사장님의 언변에 속아주는 셈 물건을 사주는 고객, 아쉽게도 온라인에서는 만나기 쉽지 '않습니다.' 내 제품을 효과적이고 인상적으로 표현한 상세페이지가 없다면, 그 어떤 고객도 제품과 브랜드의 목소리에 귀 기울여 주지 '않습니다.'

어쩌면 상세페이지는 온라인 판매의 가장 기본이자 끝입니다. 그러나 많은 온라인 판매자들이 이를 간과하고, 광고에 수많은 돈을 쏟아 붓습니다. 그리고는 흡족한 구매전환율을 얻지 못해 고심하죠. 마케팅이 문제일까, 제품이 문제일까. 하지만 온라인 판매의 많은 고민의 답이 오히려 무심코 칸 채우기에 급급했던 '상세페이지'에 있는 경우가 많습니다. 우리 업체의 탁월함과 내 제품의 특장점을 가장 효과적으로 표현할 수 있는 창구가 바로 '상세페이지'입니다. 막대한 비용을 투자해 겨우 상세페이지에 모셔온 고객을 그냥 돌려보내실 건가요.

필자는 오랜 기간 은행에서 근무했습니다. 매일 마케팅회의를 하고, 어떻게 하면 고객에게 제품을 효과적으로 설명할 수 있을지 고민하곤 했습니다. 오늘의 실적 목표를 채우지 못한 날이면, 내 창구에 온 고객을 붙잡고 한 개만 팔아 주십사 사정을 할 수도 있었겠죠. 하지만 온라인은 다릅니다. 자사 제품 페이지에 어렵게 도달한 고객을 붙잡을 단 하나의 수단, 상세페이지뿐입니다.

처음 온라인스토어를 접하는 업체들은 상품등록에서부터 어려움을 겪습니다. 겨우 칸을 채운 후에는 예쁜 사진 몇 장과 제품의 상품 속성을 나열해 놓고 흡족해하십니다. 그리고 막대한 돈을 들여 광고를 집행합니다. 하지만 고객은 그렇게 쉽게 지갑을 열지 않죠. 온라인 고객은 기본적으로 의심이 많습니다. 우리 스토어와 브랜드를 처음 접해본 고객이 대부분입니다. 의심 가득한 눈초리로 내 페이지에 도착한 고객들을 어떻게 설득하실 건가요. 답은 상세페이지에 있습니다.

수많은 온라인판매자를 만나 본 결과 그들이 겪었던 가장 큰 어려움 중의 하나였던 상세페이지.

이 책을 통해 모두 풀어드리겠습니다. 판매자와 구매자가 결국엔 만나게 될 단 하나의 접점. 상세페이지에서 내 제품을 효과적으로 표현하는 모든 방법, 고민들 해결해 드리겠습니다.

감사합니다.

contents

Chapter

1

왜 상세페이지인가 🔍

Chapter

2

상세페이지 작성 준비 과정과 구성요소 🔍

Chapter

3

내 제품을 알아야 팔린다 🔍

4
상세페이지 구성요소 기획하기 🔍

Chapter

5

카테고리별 상세페이지 예시

Chapter

6

500만 원 아끼는 고퀄리티 상세페이지 직접 제작하는 법

CHAPTER

1

왜
상세페이지인가

...

여기 소위 '대박'이 보장된 상품이 하나 있다. 오프라인에서는 없어서 못 파는 초대박 인기 상품. 나름대로 분석한 데이터나 트렌드를 바탕으로 봤을 때에도 스마트스토어 '빅파워'쯤은 시간문제다. 열심히 사진을 찍고, 상품등록을 한다. 공들여 오픈한 온라인 매장에 손님이 몰려들 날만을 기다린다. 하루 이틀 사흘… 팔리지 않는다. 원인 분석에 들어간다. 스마트스토어에서 키워드를 검색한 후 내 제품을 찾으려면 스크롤을 한참이나 내려야 한다. 수많은 상품 사이에 파묻혀 이 좋은 제품이 온라인에서 판매되는 걸 아는 사람이 없었던 게 원인인 것 같다. 큰돈을 들여 광고를 한다. 하루 이틀 사흘… 분명 스토어를 찾는 고객수는 늘었는데 여전히 판매가 되지 않는다. 도대체 원인이 뭘까.

01

상위노출은
시작에 지나지 않는다

 누구나 한번쯤 쇼핑몰 사장이 되는 시대

한 조사에 따르면, 2017년 온라인 쇼핑이 53%, 오프라인 쇼핑이 47%로 온, 오프라인 쇼핑의 차이가 6%였던 것에 비해 2021년에는 온라인 쇼핑이 62%, 오프라인 쇼핑이 38%로 그 차이가 24%로 증가했다(이동일 교수. 온/오프라인 쇼핑 비중에 대한 설문조사). 소비자가 인식하는 쇼핑에 그만큼 큰 비율의 증가세가 있었던 것. 이렇게 흐름을 탄 온라인 쇼핑의 성장세는 멈추지 않을 전망이다. 코로나19 시작 전인 2020년에 35조 원이었던 온라인 쇼핑 시장의 규모가 2023년에는 48조에 육박할 것이라는 분석이다(곽규태 교수, 이커머스 판매자의 현황과 특징).

소비자의 온라인 쇼핑몰에 대한 의존도가 증가한 만큼, 온라인 쇼핑몰에서의 경쟁 또한 가속화됐다. 하지만 경쟁이 심화됐다고 더 이상 유통 경로의 온라인화를 주저할 수는 없는 일. 코로나19 이후 온라인 전환을 시도한 사업자와 그렇지 않은 사업자 간의 격차가 판이하게 커진 건 주지의 사실이다.

〈그림 1〉 네이버 스마트스토어

투잡, 경제적 자유. 스마트스토어 열풍이라고 불릴 만큼 수많은 온라인 셀러가 양산되기도 했다. 작가나 강사, 전문가도 온라인에서 브랜드를 알리고 인지도를 넓혀 나가는 것이 필수인 시대가 됐다. 본인의 업종과 어우러지는 제품을 함께 판매하는 경우도 많다. 이쯤 되면 누구나 살면서 한번쯤 쇼핑몰 사장이 된다는 말도 허튼 말이 아니다.

실제로 2022년 12월 기준 네이버 스마트스토어 개수는 55만 개에 달한다. 상품수 역시 전년 대비 50% 이상 증가했다(D-커머스 리포트 2022). 스마트스토어 여성패션 총 19개 카테고리에 등록된 상품수만 해도 2억 개에 달한다. 그야말로 상품의 홍수시대. 이 가운데에서 내 제품을 어떻게 끌어올릴 것인가. 어떻게 고객의 눈에 띌 수 있게 할 것인가. 첫 번째 과제다.

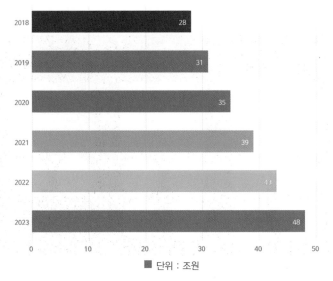

〈그림 2〉 국내 온라인 쇼핑 시장 규모, 전망 (출처 : 곽규태 순천향대 교수)

 어떻게 고객의 눈에 띌 것인가

내 제품과 비슷한, 심지어 같은 제품이 온라인상에 너무나 많다. 고객이 '키워드'라는 미끼를 스마트스토어라는 바다에 던졌을 때, 몰려들어 입을 벌리고 눈을 반짝이며 수면 위로 끌어올려질 것을 기다리는 상품이

어마어마하다. 수많은 상품 중에서 고객은 어떤 상품을 낚아 올릴 것인가. 어떻게 하면 고객의 눈에 띌 수 있을까. 어느 키워드를 공략해야 그나마 미끼 주위에 몰려드는 경쟁자가 적고, 내가 보다 더 탁월해 보일 수 있을 것인가. 가장 많이 고려해야 할 부분은 단연, 내 제품의 '노출.' 고객의 눈에 띄기라도 해야 제품력이라는 본게임에 들어갈 수 있지 않겠는가. 여기 네이버에서 공식적으로 제시한 가이드가 있다.

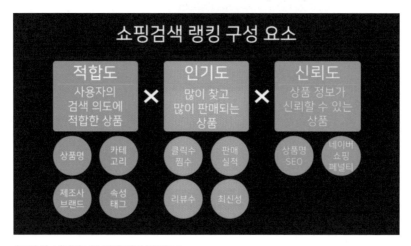

〈그림 3〉 네이버쇼핑 검색 랭킹 구성요소

네이버의 쇼핑 검색 랭킹 알고리즘은 적합도와 인기도, 신뢰도 세 가지 요소에 의해 결정된다.

적합도란 검색 의도에 적합한 상품인가를 의미한다. 상품명, 카테고리, 제조사 브랜드, 속성 태그들이 고객이 직접 키워드를 타이핑해서 검색한 그 제품과 딱 맞아떨어지는지 여부이다. 상품등록 시 정확한 제품 정보를 꼼꼼히 등록하는 것이 관건. 쉬운 예로, 고객은 스마트폰을 검색했는데 스마트폰 케이스가 검색결과로 노출되면 안 될 일이다. 이러한 상품명, 카테고리, 제조사/브랜드, 속성/태그 등 필드 연관도와 검색어와 관련된 카테고리 선호도가 산출되어 반영된다. 결과 값이 잘못 출력됐다면, 고객은 또다시 본인이 필요로 하는 제품을 찾아 헤매야 한다. 고객이 지난한 검색 여정에 지쳐서 다른 쇼핑 플랫폼으로 이탈하는 일이 없도록, 네이버는 알고리즘을 계속해서 정비한다. 고객과 네이버가 불필요하게 일하게 하지 말자. '적합'하게 상품을 등록해야만 하는 이유다.

인기도란 많이 찾고 많이 판매되는 상품인가를 말한다. 클릭수, 찜수, 판매실적, 리뷰수, 최신성 등이 포함된다. 특히 판매 지수는 다양한 영역에서 상품의 랭킹을 만드는 기본적이고 비중이 높은 랭킹 요소이다. 최근 2일/7일/30일 동안 쇼핑 검색에서 발생한 판매수량/판매금액을 지수화해서 사용한다. 잘 팔리면 된다. 좋은 리뷰를 많이 쌓으면 된다. 상품등록 후 부여되는 최신성 점수 적용 기간 동안 최대한 많은 판매실적을 올리고 좋은 리뷰를 모을 수 있도록 해야 한다. 고퀄리티의 상세페이지로 고객을 매혹하고 구매를 유도하며, 실제 사용해 본 고객의 마음을 사로잡아 계속해서 구매로 이어질 수 있도록 해야 한다.

신뢰도는 상품정보의 신뢰성을 의미한다. 해당 상품이 고객으로 하여금 신뢰를 줄 수 있는지를 산출하는 값이다. 상품명 SEO에서는 단어 중복, 수식, 문구, 특수문자, 50자가 넘는 지나치게 긴 상품명 사용 등을 주의해야 한다. 구매평/실적/상품정보 어뷰징 등에 대한 네이버쇼핑 패널티를 받지 않는 것도 신뢰도 점수를 높이는 데 도움을 준다.

자세한 네이버쇼핑 상품 검색 알고리즘에 대한 정보는 네이버쇼핑 상품검색 SEO 가이드를 참고하면 된다. (https://join.shopping.naver.com/faq/list.nhn?catgCd=H00015&dtlCatgCd=H00016)

결국 고객의 검색 의도에 맞춰 스마트스토어 상품등록이 정확하고도 꼼꼼히 이루어지고, 상세페이지로 유입된 고객으로부터 구매와 클릭, 찜, 리뷰 등 유의미한 구매 관련 행동이 이루어져야 한다는 것. 여기에 상품명 등 상품의 신뢰성이 적절히 조합되어야 좋은 랭킹 점수를 얻을 수 있다.

〈그림 4〉 네이버쇼핑 검색 결과

 상위노출은 시작일 뿐

네이버는 기본적으로 검색엔진이다. 고객은 네이버에 들어와서 본인의 니즈를 누구보다도 더 적극적으로 표현한다. 이는 쿠팡 등 여타 쇼핑몰에서도 마찬가지. 본인이 원하는 결과가 나올 때까지 끊임없이 검색창에 다양한 조합의 검색어를 입력해 본다. 어떤 물건에 대한 니즈가 있는 고객이 검색창에 그 물건을 직접 타이핑해서 검색한다는 것은, 곧 그 물건을 구매하고자 하는 의사가 굉장히 높다는 것을 의미하기도 한다.

당장 구매를 하지는 않더라도 언젠가는 구매할 의사가 있는 제품을 '아이쇼핑'하고 그에 대한 '정보'를 축적해 놓겠다는 것을 뜻하기도 한다. 가장 적극적으로 본인의 구매 가능성을 어필하는 고객인 것이다. 판매자 입장에서 결코 단 한 명의 유입도 소홀히 할 수 없는 이유다.

그러한 고객을 쇼핑몰 최상단에서 만날 수만 있다면. 수없이 스크롤을 내리고서도 천운으로 한번 클릭을 받는 것이 아니라, 마침 제품이 필요했던 그 고객의 눈앞에 마법처럼 짠! 하고 나타날 수만 있다면. 아마도 모든 판매자가 원하는 판매 패턴일 것이다. 하지만 과연 그렇게 상위에 노출되었다고 한들, 자사 제품이 반드시 선택받을 거라고 확신할 수 있는가.

〈그림 5〉 쇼핑 편의를 위해 키워드 제공하는 네이버쇼핑

상위노출 자체는 차라리 어렵지 않은 편이다. 쟁쟁한 경쟁사가 포진해 있는 스마트스토어 상위 페이지에서 내 제품을 상위노출시킬 수 있는 가장 확실한 방법도 이미 나와 있다. 다름 아닌 '광고 활용하기.' 광고비를 지출하면 내 제품을 얼마든지 고객에게 노출할 수 있다. 광고 집행이 서툴다면 공식 대행사를 활용할 수도 있다. 문제는 막대한 광고비를 지출하고도 구매전환이 이루어지지 않는다는 것. 구매 의사로 충만한 고객의 눈에 가장 먼저 띄었는데도 왜 구매까지 이어지지 않았을까. 제품의 퀄리티? 하지만 고객은 아직 그 제품을 사용해 보기는커녕 실제로 보거나 만져 보지도 못했다. 고객은 아직 우리 제품에 대해 정확히 알지 못한다. 문제는 상세페이지다. 상세페이지를 훑어 봤으나 제품에 매혹당하지 못했다. 바꿔 말하면 판매자가 제품에 대해 정확히 어필하지 못했다는 것, 니즈가 충만한 고객마저도 구매로 이끌 수 있을 만한 강력한 소구 포인트가 없었다는 점이다.

〈그림 6〉 네이버 검색광고 페이지

상품등록을 SEO에 맞춰 정확하게 했다는 전제하에, 구매전환율을 결정적으로 올려줄 수 있는 가장 주요한 요소, 바로 상세페이지다. 오프라인 매장에서는 고객을 적극적으로 설득할 수 있는 판매자가 있지만 온라인에는 없다. 라이브커머스나 홈쇼핑에서라면 쇼호스트가 말로써 구매를 촉진하겠지만 매번 쇼호스트에 판매를 의존할 수는 없는 일. 오프라인에서 고객을 설득할 판매자, 라이브커머스나 홈쇼핑에서의 쇼호스트 역할 모두를 '상세페이지'가 대신해야 한다. 마이클 거버의 '사업의 철학' 책에 의하면 사업은 '일자리'가 아니다. 내가 없어도 잘 돌아가는 시스템이어야 한다. 꾸준히 판매가 이루어지고 양질의 리뷰가 쌓이는 과정을 거치면 큰 노력을 기울이지 않아도 자동으로 판매가 이루어지는 '시스템'이 구축된다. 그리고 온라인판매에 있어 이 시스템의 일등공신은 단연 '상세페이지'가 될 것이다.

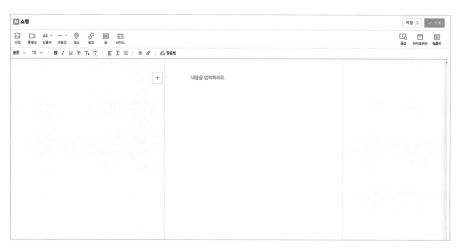

〈그림 7〉 스마트스토어 상품등록 페이지. 어떻게 효과적으로 채울 것인가.

잘 파는 상세페이지는 광고비용까지 줄여 준다. 앞서 언급했듯 광고를 잘 활용하면 가장 좋은 '장삿목'을 차지할 수 있다. 하지만 뭐니 뭐니 해도 가장 좋은 방법은 광고비용을 지출하지 않고 자발적으로 상위에 랭크되는 것. 훌륭한 상세페이지는 고객으로 하여금 유의미한 구매 관련 행동을 이끌어낸다. 좋은 콘텐츠로 가득한 상세페이지에서 고객은, 뒤로 가기 버튼을 누르는 대신 계속해서 스크롤바를 내린다. 눈길이 가는 콘텐츠에서는 잠시 멈춰서 좀 더 유심히 내용을 살피기도 한다. 상세페이지에 일정 시간을 할애하면서 제품에 조금 더 마음을 열게 된 고객은, 바로 제품을 구매하거나 찜 등록을 하는 등 구매와 관련된 행동을 한다. 이러한 고객의 행위는 구매전환율을 높이는 것뿐만 아니라 상품 SEO에서 '인기도'를 높이는 요소로 작용하기도 한다. 광고를 통하지 않아도 상위에 노출될 가능성이 높아지면서 자연스레 광고비 지출이 줄어든다. 선순환이다.

온라인 판매에 있어서 '노출'보다 '상세페이지'를 더 우선해서 고심해야 할 이유다.

스마트스토어와
인플루언서 마켓의 차이

 인플루언서의 추천템. 묻지도 따지지도 않고 구매하는 이유

인플루언서를 팔로우한다는 것. 그와 비슷한 라이프 스타일을 추종한다는 것. 그가 사용하는 물품들에 관심이 간다는 것. 때로, 그가 판매하는 물건을 구매할 의향이 있다는 것.

인플루언서 공동구매는 이미 굳건한 하나의 트렌드가 된 지 오래다. 브랜드와 제품 인지도를 높이기 위한 인플루언서와의 협업 또한 빼놓을 수 없는 마케팅의 한 축으로 자리 잡았다. 인플루언서의 공동구매를 통하면 하루 이틀 만에 수억 원의 매출이 일어나기도 한다. 고객들은 팔로우하던 인플루언서가 판매하는 제품들을 거부감 없이 수용하고, 거리낌 없이 지갑을 연다. 기본적인 의심과 비교 검색 과정조차 생략하는 경우가 많다. 이유가 뭘까.

CHAPTER 1 왜 상세페이지인가　23

이미 인플루언서와의 '관계 형성'이 되었기 때문. 오랜 시간 지켜본 결과 '신뢰도' 역시 쌓였기 때문이다. 내 스스로 '팔로우' 버튼을 눌렀던, 말 그대로 '따라 하고 싶은' 라이프 스타일을 가진 인플루언서. 그의 콘텐츠를 일정 기간 지켜본 결과 해당 분야에 일반인 이상의 전문성을 가지고 있음을 자체적으로 검증했다. 오랜 기간 온라인에서 소통했기에, 그 분야를 잘 아는 옆집 언니의 추천템 같은 느낌도 든다. 무엇보다 그 정도의 영향력이 있는 인플루언서가 판매하는 제품이라니 믿을 만하다. 제품을

〈그림 1〉 인스타그램에서 #공구 해시태그만 232만 개 형성되어 있다.

극찬하는 다른 팔로워들의 댓글에도 마음이 혹한다. 자연스럽게 구매창을 연다.

 ## 상대적으로 낯선, 스마트스토어

하지만 스마트스토어는 다르다. 이미 확고히 브랜딩되어 있는 제품을 제외하고, '검색어'를 통해 유입된 고객이 대부분이다. 본인의 필요에 의해 제품을 검색했거나 혹은 어쩌다 눈에 띄는 광고를 한번 클릭해 본 것

일 뿐. 우리 제품과 브랜드에 대해서는 잘 '모른다.' 자사가 얼마나 전문적이고 업계에서 위상이 높은지 역시, 설명해 주지 않으면 고객은 '모른다.' 직접 제품을 만져본 것도 아니고, 스토어가 그 자리에 계속 있을 거란 보장도 없는데 선뜻 돈을 지불하기 불안하기까지 하다.

우리 스토어에 '처음으로' 유입된 고객이 대부분이라고 상정하고 친절하게 상세페이지를 작성해야 하는 이유다. 차근차근 신뢰도를 높이는 작업부터 시작해야 한다. 상세페이지에서부터 고객과의 신뢰를 차곡차곡 쌓아가며 관계 형성을 시작해야 한다. 상세페이지로 매혹해야 한다.

네이버는 기본적으로 검색엔진이다. 실제 구매 의사가 있는 고객들이 필요에 의해 물건을 검색하면, 네이버는 고객의 검색목적에 맞는 최적화된 검색 결과를 노출해야 한다. 끊임없이 알고리즘을 정비한다. 정보를 얻고 싶어서 검색을 한 건지, 물건 구매를 목적으로 검색했는지까지 예리하게 포착해야 한다.

고객이 제품 구매를 위한 키워드를 검색했다면, 이제 네이버는 최선을 다해 고객의 마음에 '딱' 맞아 떨어지는 제품을 소개할 차례. 구매확률이 높은 제품, 즉 해당 키워드를 검색한 사람들이 많이 구매하는 제품, 평가가 좋은 제품 위주로 노출한다. 혹시나 원하는 제품이 없을까, 다른 연관된 키워드들도 친절히 소개한다. 함께 클릭한 상품 추천이나 내돈내산 리뷰 상품 등 추천 로직도 다각화되는 추세이다. 이제 고객은 잘 차려진 밥상에서 마음에 드는 제품 하나를 집어 든다. 여러 제품과 꼼꼼히 비교한다.

그렇게 구매를 최종 결정했다면, 네이버 페이를 통한 결제까지 원스톱으로 이루어진다. 이처럼 구매의사가 분명한 고객이라면, 더더욱 다른 쇼핑 플랫폼으로의 이탈을 철저히 막아야 한다. 네이버 안에서 모든 쇼핑이 끝나도록 해야 한다. 쿠팡 등으로의 고객 이탈 주요 원인 중 하나였던 빠른 배송도 도착보장 시스템 등을 통한 보완 작업이 한창이다.

〈그림 2〉 네이버의 다양한 상품 추천

하지만 네이버 자체에 워낙 다양한 콘텐츠와 상품들이 등록되어 있다보니, 경쟁도 심하고 고객 이탈률도 높다. 우리 스토어에서 원스톱으로 쉽게 구매가 가능하다면, 다른 스토어도 구매 시스템이 간편하기는 마찬가지. 특별한 메리트를 느끼지 못하면 고객은 쉽게 이탈한다.

비슷한 상품, 심지어 더 좋고 싼 제품은 네이버에 얼마든지 있으니까, 지체할 필요가 없다. 한번 우리 제품의 상세페이지에 진입한 고객을 어떻게든 붙잡아둘 수 있는 다양한 기능적 요소들이 필요한 이유다. 설사 이탈했더라도 고객의 기억 속에 강력하게 각인될 수 있을 만한 다양한 장치를 요소요소 상세페이지에 배치해 두는 기술이 필요한 까닭이기도 하다.

 상세페이지를 통한 고객과의 관계 형성

상세페이지는 '이야기'다. 단순한 제품 팸플릿이 아니다. 처음 찾아온 고객의 마음을 이끌고, 관계 형성의 토대를 만들 수 있어야 한다. 제품설명, 단순한 장점만을 나열한 상세페이지는 고객의 인식

〈그림 3〉 상세페이지는 이야기다.

속에 강렬히 각인되기 어렵다. 자사의 브랜드와 제품이 어떤 히스토리를 가지고 있는지, 얼마나 제품에 진심인지 충분히 설명하고 효과적으로 표현해야 한다. 비슷한 가격의 제품들이 즐비한 가운데 상세페이지에서조차 차별점을 찾지 못하면 고객은 구매할 이유를 느끼지 못한다.

처음 찾았는데 이상하게 마음에 남는 스토어. 주인장의 전문성과 정성, 인간미에 마음을 열고 지갑을 열고 단골이 되고야 마는 그런 상점을

만들어나가는 것. 역시 상세페이지의 몫이다. 상세페이지를 통해 고객과 커뮤니케이션하고 브랜드의 찐팬을 만들어보자.

인플루언서 마켓의 상세페이지

상대적으로 팔로워와의 관계 형성이 되어 있는 인플루언서 마켓이라고 해서 잘 기획된 상세페이지가 필요 없는 것은 아니다. 구매창을 열었을 때 만나게 되는 상세페이지에서 최종적인 구매 결정이 이루어지는 것은 마찬가지. 다시 한번 상세페이지에서 구매의사를 확고하게 만들어 주고 신뢰감을 더해 줄 필요가 있다. 인플루언서 마켓인만큼 인플루언서의 실제 사용 후기가 실감나게 녹아 있는 상세페이지를 공들여 제작하는 것이 좋다. 인플루언서 마켓의 랜딩페이지는 스룩페이(https://srookpay.com)와 같은 결제 시스템을 이용하는 것이 일반적이다.

03

네이버를
알아야 팔린다

 플랫폼, 네이버

네이버 기반의 스마트스토어를 운영하려면 '네이버'를 파악하는 것이 반드시 선행되어야 할 과정이다. 매출에 결정적인 영향을 미치는 상위노출은 네이버의 로직에 의해 크게 좌지우지될 수밖에 없다. "네이버는 왜 이렇게 카테고리를 나누었을까. 이 카테고리, 키워드에서는 왜 이 상품들이 상위에 노출되어 있을까. 상위에 노출되어 있는 제품들의 특징은 무엇인가. 단순히 제품 구매량과 리뷰수에 의해 상위노출이 결정되는가. 네이버의 로직은 어떤 방향으로 변화하고 있는가" 등을 치열하게 고민해야 한다. 그에 따라 판매 전략 역시 달라질 수밖에 없다.

스마트 시대에는 플랫폼을 '정거장'에 비유할 수 있다. 정거장은 특정한 장소로 가기 위해 반드시 도착해야 하며 도착한 사람을 태우기 위해 운송 수단이 필요하다. 여기서 운송 수단을 이용하고자 하는 사람이 이용자가 되는데 플랫폼은 바로 사람과 운송 수단이 만나는 접점, 혹은 사람과 운송 수단을 매개하는 매개 지점의 역할을 한다고 볼 수 있다. 스마트 시대에 인터넷 사업자, 콘텐츠 제공자, 사용자, 기기 제조사 등 다양한 주체들이 만나는 매개 지점이 플랫폼이다.

(인간과 컴퓨터의 어울림, 2014. 4. 15. 신동희)

〈그림 1〉 플랫폼으로서의 네이버

플랫폼 전략론의 권위자 안드레이 학주(Andrei Hagiu) 교수는 "장(場)을 가진 자가 부의 미래를 지배한다"고 말했다. 네이버쇼핑은 궁극적으로 판매자와 고객을 이어주는 '플랫폼'이자 '장'이다. 온라인 쇼핑의 정거장. 고객과 판매자가 만나는 접점. 이곳에 모이는 모든 이들이 궁극의 목적인 '판매'와 '구매'를 효율적으로 달성하고, 보다 더 편리하고 안전하게 공간을 활용할 수 있어야 한다. 고객과 판매자. 둘의 만남에서 혼란과 지체가 지속되면 플랫폼은 외면받는다.

때문에 양쪽의 의견을 수렴하고 더 나은 방향으로 나아가는 데에 각종 데이터들이 활용된다. 플랫폼은 고객이 목적지에 도달할 수 있는 운송 수단을 최적의 환경에서 이용할 수 있도록 체계적인 시스템을 구축해야만 한다. 소비자와 판매자 양쪽 모두에게 안정적인 구매와 판매 환경을 제공해야 한다.

그렇다면 판매자는 이 플랫폼의 원리를 가장 잘 파악하고 적절히 활용할 수 있어야 한다. 네이버쇼핑 검색 랭킹은 아이템의 적합도, 인기도, 신뢰도에 따라 결정된다. 네이버가 왜 이 세 가지를 기본 구성요소로 삼고 그에 따라 검색 랭킹을 결정하고 상품을 노출하는지, 그 의도를 파악해야 한다.

네이버쇼핑을 알아야 판다

1999년 6월 네이버의 검색서비스는 네이버컴(주)로 시작됐다. 2001년 네이버쇼핑 서비스가 출발했다. 2003년 10월 '지식쇼핑', 즉 가격비교 검색서비스가 시작됐고, 2012년 지식쇼핑 모바일 웹 출시를 통해 이커머스 모바일 전환이 효과적으로 이루어졌다. 2014년 스토어팜 출시를 기점으로 소상공인들의 온라인 쇼핑몰 구축 플랫폼으로서 공고히 자리 잡았고, 2015년 7월 '네이버쇼핑'으로 이름을 바꾸었다. 가격비교뿐만 아니라 온/오프라인을 아우르는 다양한 상품과 정성어린 리뷰, 엄선된 기획전 등 '쇼핑을 위한 모든 것'을 표방했다. '원스톱 쇼핑.' 구경하고 구매하고 리뷰하고 다시 구경하는 쇼핑의 모든 과정을 네이버쇼핑에서 가능하도록 기획되었다. (https://blog.naver.com/naver_shopping/220421097831) 2016년 10월에는 쇼핑 검색광고가 등장했고 2020년에는 쇼핑라이브를 출시하는 등 끊임없는 발전과 도약을 멈추지 않고 있다.

〈그림 2〉 네이버 회사 소개 코너 정독해 볼 것을 추천한다.

네이버는 국내 1위 인터넷 검색포털로서, 그것을 기반으로 광고와 커머스 사업을 통해 매출을 창출한다. 현재 네이버의 사업부문은 크게 서치플랫폼, 커머스, 핀테크, 콘텐츠, 클라우드로 구성되어 있고, 그 중 네이버의 커머스 매출은 쇼핑 검색, 쇼핑 수수료, 디스플레이 광고, 멤버십 매출 등으로 구성되어 있다.

네이버 매출의 큰 축을 담당하는 이커머스 사업의 경우, 이커머스 전문 사업자뿐 아니라 오프라인 유통업체 등 다양한 경쟁자가 존재한다. 진입장벽이 낮은 편인만큼 치열한 경쟁 환경에 노출되어 있다. 이러한 환경에서 네이버는 '검색에서 상품 구매로 자연스럽게 이어지는 흐름'을 만드는 것을 차별화 포인트로 삼는다. 쇼핑 경험의 시작점을 선점하고 서비스 경쟁우위를 가져가야만 한다. (네이버사업보고서, https://www.navercorp.com/ investment/businessReport)

이렇듯 네이버쇼핑의 출발점은 '검색'이었다. 그러나 곧 국내 1위 검색 포털인 네이버에서 사용자들은 상품을 찾기 시작했다. 그러한 니즈와 수요는 제휴사 상품의 가격 비교를 해주는 서비스로 이어졌고, 곧 네이버쇼핑의 출범으로 확장되었다. 수요가 있는 고객이 모인 곳에 니즈를 채워줄 서비스가 시작됐다. 네이버가 사용자의 편의를 적극적으로 반영할 수밖에 없는 위치에 있는 이유다.

고객은 네이버에 각종 다양한 키워드로 친절하게 자신의 니즈를 표출한다. 그러면 네이버는 검색엔진으로서 고객의 니즈에 정확히 맞아 떨어지는 상품을 정교한 로직으로 걸러내고 족집게 같은 검색결과를 노출해야 한다. 원치 않은 정보 속을 헤매다 결국은 검색의 목적을 달성하지 못한 고객이 다른 플랫폼으로 이탈하는 일을 막아야 한다. 서비스 이용 과정에서의 사소한 불편함이 때로 브랜드의 사활을 결정한다. 만약 고객을 끌어들이기에만 급급한, 검색 목적에 맞지 않는 제품들이 먼저 보여진다면, 네이버는 검색엔진, 쇼핑몰로서의 신뢰성을 잃는다. 제품의 실수요자로서 기꺼이 '검색노동'의 여정을 떠났던 소비자들이, 여러 키워드를 조합해서 다시 한 번 검색하고 페이지를 넘기고 스크롤을 내리고 수많은 상세페이지를 클릭하고, 이탈하는 수고스러움을 또다시 감수해야 한다. 반복되는 불편함은 소비자의 이탈을 야기한다. 아까운 고객을 또 한 명 놓쳤다. 이러한 시행착오를 겪지 않기 위한 네이버의 노력과 전략, 그 부분을 깊이 파고들어야 한다.

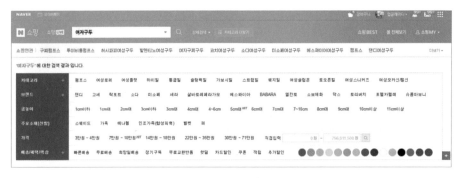

〈그림 3〉 다양한 속성값을 통해 여러 검색 편의를 제공하는 네이버

 훌륭한 판매자는 네이버의 재산

네이버에게는 판매자도 고객이다. 판매수수료와 광고는 네이버 주요 매출의 큰 축을 차지한다. 절대 판매자의 외면을 받아서는 안 된다. 좋은 판매자가 잘 짜여진 판에서 마음껏 실력을 발휘하며 신나게 판매를 할 수 있도록 도와야 한다. 어부징을 유발하는 판매 행위는 자칫 정당하고 실력 있는 판매자가 수면 위로 올라오지 못하도록 막을 위험이 있다. 이 것은 고객의 효율적인 소비 활동에도 방해 요소로 작용한다. 네이버가 쇼핑 검색 랭킹의 신뢰도를 위해 정당하지 않은 판매 행위를 엄단하는 이유다.

판매자는 네이버가 정당한 판매자의 편이라는 생각으로 네이버의 의도를 파악하고 판매 전략을 세워야 한다. 네이버가 우위에 서 있는 검색 엔진으로서의 위치, '검색에서 상품 구매로 자연스럽게 이어질 수 있다' 는 장점에 맞춰 전략을 세심하게 세워 나가야 한다.

〈그림 4〉 네이버 비즈니스 스쿨로 판매자 교육도 강화하고 있는 네이버

네이버는 키워드를 통해 드러나는 고객의 니즈를 정확하게 반영하는 방향으로 로직을 계속해서 변경해 나갈 것이다. 그렇다면 판매자 역시 그 니즈에 정확히 부합하는 상품을 등록하고, 상세페이지를 꾸려 나가야만 한다. 좋은 상품을 양질의 콘텐츠를 통해 표현함으로써 고객을 매혹하고 판매로 이끌어야 한다. 다시 한 번 상기하자. 네이버는 우리 편이다. 훌륭한 판매자의 증가는 네이버로서도 이득이다.

쇼핑 플랫폼으로서 네이버는 긍정적인 쇼핑 경험을 제공하는 것이 무엇보다 중요하다. 특정 상품에 대한 니즈가 있는 고객이 있다면 본인의 취향과 필요를 고려한 제품이 검색의 순간 정확히 노출되어야 한다. 불필요한 시간과 노력을 줄여 주는 맞춤 검색 결과에서 고객의 긍정적인 쇼핑 경험이 또 한 번 축적된다. 고객에게도, 쇼핑 플랫폼으로서 네이버에게도, 판매자에게도 모두 바람직한 결과다. 상품등록 시 상품명과 제품의 속성을 명확히 입력해야 하는 이유이기도 하다. 고객의 눈에 띄기 위한 상품의 대표이미지 등을 치열하게 고민해야 하는 까닭이다. 그 이후 상세페이지로 유입 및 구매 여부는 소비자의 결정에 달렸다. 물론 그 결정에 부합하도록 끊임없이 노력해야 하는 것이 판매자의 숙명이기도 하다.

이렇게 니즈를 반영한 키워드를 검색해서 유입된 고객이 상세페이지에서 어떤 정보와 콘텐츠를 원할지 면밀히 연구하고 고민해야 한다. 일단 고객이 상세페이지에 유입됐다면, 절반의 성공이자 또 다른 시작이다. 오프라인 매장에서처럼 직접 만져볼 수 없기에, 고객은 상세페이지에서 대신 경험해 주고 생생하게 표현해 주기를 원한다. 이 제품이 키워드에 기반한 본인의 니즈를 정확히 반영한 상품인지를 상세페이지를 통해 명확히 구현해 주기를 바란다.

〈그림 5〉 키워드를 조회할 수 있는 네이버 검색광고 키워드 도구

이것이 구매결정에 결정적인 요인이 된다. 판매자는 상품의 키워드를 철저히 분석한 후, 키워드에 맞는 상세페이지를 기획해야 한다. 해당 키워드를 검색한 고객이 기대할 법한 콘텐츠로 상세페이지를 채워야 한다. 고객이 곧 키워드이고 키워드가 곧 고객이란 생각으로 접근해 보자.

04

구매결정 과정,
상세페이지에서 결판을 내자

 고객의 구매결정 과정

제품과 서비스 판매를 위해서는 고객이 제품을 구매하기까지 과정에 대한 이해가 필요하다. 여기 마케팅 퍼널 모델(Marketing Funnel)을 주목하자. 구매 여정을 깔대기(Funnel) 모양으로 표현해 각 단계별로 세분화한 모델인데, 깔대기라는 명칭에서 알 수 있듯이 다음 단계로 전환될수록 이용자 수가 계속 줄어든다. 시대에 따라 유행하는 퍼널의 형태도 달라진다.

일본의 덴쓰(Dentsu)가 발표한 AISAS 모델 퍼널에 따르면 소비자의 구매 여정은 주목(Attention) – 흥미(Interest) – 검색(Search) – 구매(Action) – 공유(Share)의 단계를 거친다. 상품과 서비스에 대해 인식하게 되고(Attention) 제품에 흥미를 가지게 되며(Interest) 검색, 탐색해 보고(Seartch), 제품 및 서비스를 구입하며(Action), 그에 대한 경험을 공유

(Share)하는 것이다.

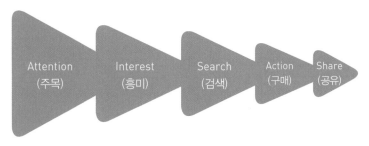

〈그림 1〉 AISAS 모델

이러한 모델을 온라인스토어로 범위를 좁혀서 이야기해 보자. 제품에 대한 니즈가 생겼다. (인지) 검색창에 키워드를 입력하고 출력되는 정보들을 살핀다. (검색, 탐색) 상품을 클릭해서 상세페이지로 유입된다. 적은 비율이지만 바로 구매를 할 수도 있고 이탈해서 다른 제품들과 본격적인 비교 탐색의 과정으로 돌입하기도 한다. (이탈, 비교) 최종적으로 구매 결정을 한 후에는 (구매)재구매를 하거나 (유지) 주위에 제품을 추천한다. (공유)

이 퍼널에서 상세페이지는 거의 전 영역에 걸쳐 영향을 미친다. 고객이 제품을 탐색할 때에는 물론, 페이지에서 이탈해서 제품 비교를 할 때에도 상세페이지를 통한다. 심지어 제품이 너무 마음에 들어서 주위에 추천할 때에도 상세페이지 링크를 보내고, 누군가는 지인이 추천한 그 링크를 보고 제품을 인지하게 된다.

이 중에서도 특히 '이탈과 비교'는 온라인 쇼핑의 특성상 가장 강력한 장애물이자 기회의 과정이라고 할 수 있다. 여러 비슷한 제품과의 비교 과정을 거치며 고객의 머릿속은 더욱더 혼란스러워진다. 그 가운데에서도 고객의 인식 속에 살아남아야만 한다. 이탈했던 고객도 다시 돌아와 구매 버튼을 누를 수 있는 매혹적인 상세페이지가 중요한 이유다. PC 브라우저와 모바일의 시각적인 부분에 국한된 한계를 뛰어넘어 고객의 오감을 만족시킬 수 있는 각종 수단과 상상력이 요구된다. 고객의 기억에 강력하게 인식되어야만 이탈되었던 고객도 다시 돌아온다. 최종적으로 구매결정을 내리고 재구매를 하며 입소문을 낼 가능성이 커진다.

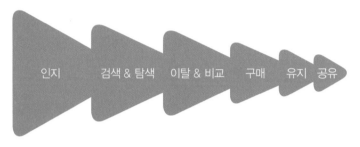

〈그림 2〉 온라인 구매 결정 과정

 결국 판매는 상세페이지에서 이루어진다

고객에게 제품을 노출하기 위한 방법론은 실로 방대하다. 대부분 목표는 검색량이 많은 대형 키워드에서 제품을 상위에 노출하는 것. 니즈가 충만한 고객이 모여 있는 쇼핑 플랫폼에서는 더욱이 고객의 눈에 띄는 것이 관건이다. 특히 검색창에 직접 키워드를 입력한 고객의 경우 이미 니즈가 어느 정도 형성되어 있기 때문에 설득의 과정이 보다 더 수월해진다. 판매자들은 그를 위해 수단과 방법을 가리지 않는다. 막대한 광고비용을 지출하기도 하고, 각종 SNS 채널을 통한 제휴마케팅을 전개하기도 한다. 어떻게든 자사의 스토어 유입을 유도하기 위해 전방위적 마케팅 전략을 '투하'한다.

하지만 이는 시작에 불과하다. 오히려 고객의 눈에 띄는 과정은 차라리 쉬운 편이다. 네이버 광고를 활용하거나 그마저 어렵다면 네이버 공식 광고 대행사를 이용할 수도 있다. 흔히 알려진 대로 작은 키워드부터 하나하나 공략해 나간다면, 제품에 대한 니즈가 있는 고객을 한 명 두 명 만날 수 있다. 꾸준히 리뷰를 쌓고 판매 실적을 높여나간다면 광고 없이도 상위노출되어 자동으로 판매가 이루어지는 이상적인 시스템을 만들 수도 있을 터이다. 문제는 각고의 노력 끝에 고객을 만나더라도 '구매'가 이루어지지 않는다는 것. 이는 곧, 상세페이지에서 구매를 위한 설득의 과정이 부족하다는 방증이다. 구매와 재구매, 공유의 과정으로 이어지는 깔대기는 당연히 점점 더 좁아질 수밖에 없다.

어떠한 긴박한 상황에서도 '본질'을 잊어서는 안 된다. 온라인 판매자에게 궁극적 목표는 '판매'이다. 네이버 상위에 노출되고 고객의 눈에 띄는 것만이 최종 목적지가 될 수는 없다. 이윤 창출 없이 사업을 지속할 수 없다. 제품이 노출된 것은, 고객의 구매결정 과정에서 겨우 '인지'의 단계에 올라섰을 뿐이다. 갈 길이 멀다.

〈그림 3〉 전쟁터와 다름없는 온라인 쇼핑몰

치열한 온라인 시장에서는 얼마든지 이탈해서 다른 제품과 비교 분석이 가능하다. 여러 제품들이 혼재한 고객의 뇌리에 선명하게 자사의 제품과 브랜드가 자리 잡고 있어야 한다. 어디에 초점을 맞춰야 하는지 중요도와 순서를 다시 한 번 생각해야 한다. 어차피 브라우저와 모바일 창을 통한 간접경험이라는 점에서는 대부분 동일한 조건이다. 잘 기획된 상세페이지가 먼저다. 상세페이지에서 얼마나 실감나는 간접경험을 할 수 있는지가 관건이다. 그 이후 노출을 고민해도 늦지 않다.

〈그림 4〉 상위노출을 위한 네이버 광고

고객과 만나는 접점. 설령 이탈했더라도 고객의 뇌리에 남을 수 있는 결정적인 콘텐츠 하나가 절실하다. 여러 제품을 비교하더라도 결국 우리 제품으로 돌아올 수 있는 매혹적인 상세페이지가 필요하다. 심지어 마지막으로 구매하기 버튼을 누를 때에도 결국은 상세페이지를 통해야 한다.

이미 인지도 있는 제품을 다른 스토어에 비해 파격적인 할인가로 내놓지 않는 한, 고객은 결국 '상세페이지'를 보고 최종 구매 결정을 한다. 온라인의 고객은 대부분 우리 회사와 제품을 처음 접한 경우가 많다. 직접 눈으로 보고 손으로 만져 볼 수 없기 때문에 기본적으로 의심이 많다. 돈만 받고 물건을 보내주지 않는다고 어떻게 장담할 수 있겠는가. 심지어 뒤로 가기 클릭 한번이면 비슷한 상품은 널려 있다. 오프라인이었다면 판매자의 눈치라도 보였을지 모르지만, 온라인은 스토어를 나오는데에는 그 어떤 거리낌도 없다.

그렇기에 더더욱 상세페이지를 빠져나오는 발길을 자꾸만 잡아끄는무언가, 페이지를 이탈하더라도 자꾸만 눈에 선하게 그려지는 매력적인제품의 모습. 그 설득과 매혹의 과정에 상세페이지가 충분히 역할을 해야 한다. 그 안에 우리 회사가 얼마나 믿음직한 회사인지, 이 제품이 얼마나 구매 가치가 있는 제품인지 매력적으로 녹여 내고 효과적으로 표현해야 한다.

설령 구매까지는 아니더라도 브랜드와 제품에 대한 인식과 인지도라는 유의미한 성과를 내야 한다. 결국 막대한 광고비용만큼의 구매전환율을 끌어낼 수 있는 매력적인 상세페이지를 만들어내는 것이 우리의 목표이다. 처음 스토어를 시작하는 분들이나 온라인에 취약한 분들 모두가능한 일이다. 앞으로 이 책의 여정을 잘 따라와 주시기만 한다면.

마케팅은 제품이 아니라 인식의 싸움이다.
소비자의 기억은 당연히 시장에 우선한다.
−마케팅 불변의 법칙(알리스, 잭트라우트)

05

기획 없는
상세페이지는 버려라

 천만 원짜리 상세페이지?

처음 온라인스토어를 시작하는 많은 사람들이 가장 고민하는 부분 중의
하나가 '제품 소싱'이다. 트렌드를 파악하고 경쟁률을 계산해서 치밀한
전략으로 제품을 선정한다. 특히 자체제작이나 사입(물건을 사들여 판매
하는 행위)에는 위탁판매에 비해 더 많은 투자비용이 들어가기 마련이다.
때문에 투자비용을 회수하고 이익을 창출하기 위한 소싱 전략 수립은 필
수다. 이제 어렵게 물건을 소싱한 후에는 마케팅을 어떻게 할 것인지에
대해 골몰한다. 트렌드에 맞춰 제품을 팔아야 한다는 생각에 매몰되어
상세페이지를 빠르게 만들어 마케팅에 전력을 다할 생각에 고심한다.

　하지만 여기에는 제품을 어떻게 표현해서 소비자에게 소구할 것인지
에 대한 가장 중요한 고민이 빠져 있다. 예쁘게 사진을 찍고 제품 특징을

나열하며 상세 설명 칸을 채워 나가지만, 기획 없는 상세페이지는 그저 '결제창'의 역할만 할 뿐이다. 상세페이지에도 소싱과 마케팅처럼 투자와 전략이 필요하다.

상세페이지를 제작하는 가격과 방법도 천차만별이다. 오프라인 매장을 오픈한다고 가정했을 때, 기본 인테리어 공사는 필수다. 어쩌면 그보다 더 치열한 온라인 시장에서 매장 인테리어이자 판매의 핵심 전략에 해당되는 상세페이지를 완벽히 구축하지 않고 사업에 뛰어든다는 건 어불성설. 이런 연유로 상세페이지에는 보다 더 과감한 투자가 요구되기도 한다.

상세페이지를 제작 비용에 따라 4개의 단계로 나누어보았다. 제조사나 수입사 혹은 도매업체에서 제공하는 상세페이지를 쓰는 경우는 배제하고, 직접 상세페이지를 만드는 경우만 예로 들어본다.

☆ 상세페이지 4단계

1) 블로그형 상세페이지

판매자가 제품 사진을 찍고 동영상이나 움짤을 직접 제작해서 상세페이지를 작성하는 단계다. 스마트스토어의 상세 설명 탭은 블로그와 거의 흡사한 형식으로 되어 있기 때문에 사진과 영상, 글을 잘만 활용하면 판매자의 개성이 드러나는 상세페이지를 만들 수 있다. 스마트스토어에서 제공하는 템플릿을 활용하면 보다 더 깔끔하고 전문적인 상세페이지 제작도 가능하다.

하지만 비전문적인 사진과 딱딱한 정보성 카피들로만 채워진 상세페이지는 제품 판매에 제 역할을 할 수 없다. 블로그형으로 상세페이지를 제작하려 했을 때, 보다 더 체계적인 기획이 필요한 이유다. 사진과 글, 움짤만으로도 가독성을 높이고 제품을 돋보이게 할 수 있을 만한 요소들을 전략적으로 배치해야 한다.

〈그림 1〉 스마트스토어 자체 템플릿 상세페이지

2) 템플릿 사이트 '망고보드'(29,000원)

요즘은 뛰어난 디자인 능력과 포토샵 실력이 없어도 전문가 수준의 상세페이지를 제작할 수 있다. 망고보드와 같은 템플릿 사이트를 활용하면 된다. 일반 요금제 월 29,000원 수준으로 다양한 카테고리와 디자인의 상세페이지 제작이 가능하다. 사진과 카피만 바꾸는 정도로 충분히 고퀄리티 상세페이지를 만들 수 있다.

다만 템플릿의 수준이 아무리 최상이어도 이미지와 활용 기술 차이에 따라 결과물 역시 천차만별일 수 있다는 것. 망고보드를 활용해서 고퀄리티 상세페이지 만드는 방법은 〈챕터 6 500만 원 아끼는 고퀄리티 상세페이지 직접 제작하는 법〉에서 다루도록 한다.

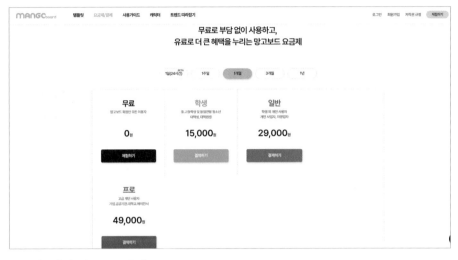

〈그림 2〉 망고보드 요금제

3) 상세페이지 제작업체 의뢰(~100만 원~)

시중에 전문적으로 제품 사진과 동영상 제작 등과 함께 상세페이지 디
자인을 해주는 업체들도 많다. 망고트리와 같은 상세페이지 전문제작업
체가 대표적이다. 전문업체가 제작하는 만큼 훌륭한 퀄리티의 결과물이
보장된다. 사진과 움짤 수준도 훌륭하다. 전문적인 사진과 움짤 등을 통
해 제품이 보다 더 고품격으로 보이는 효과도 노려볼 만하다. 백만 원 정
도의 가격을 지불하려면 가격 부담이 된다고 생각할 수도 있지만, 사업
에 있어 가장 효율이 좋은 투자라고 생각하면 이야기가 달라진다. 잘 팔
리는 고퀄리티 상세페이지 하나로 수천, 수억 원을 벌 수 있다는 생각으
로 접근한다면, 이 정도 과감한 투자는 어쩌면 필수이다.

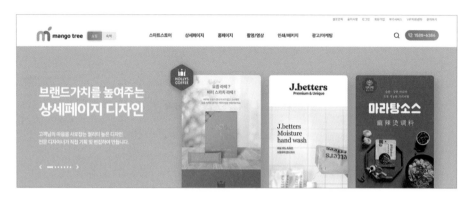

〈그림 3〉 상세페이지 제작업체 망고트리

4) 천만 원짜리 상세페이지

상세페이지에 연예인이나 유명 인플루언서의 협찬과 모델 사진 등도 함께 첨부한다면 제작 비용은 천정부지로 올라간다. 때로 신뢰감을 높이기 위한 인증서 한 장에도 비용이 들어간다. 상세페이지의 퀄리티를 높이기 위해 원산지를 직접 찾아 전문가급의 사진과 영상 등의 콘텐츠를 제작하는 경우도 있다. 감탄을 자아낼 만한 '역대급' 상세페이지 제작은 얼마든지 가능하다. '자본'만 충분하다면.

스마트스토어로 무자본 창업이 가능하다고 하지만 엄연한 사업 분야인만큼, 비용 투자가 아니라도 시간 투자 혹은 노동 투자가 필수적으로 들어간다. 초기 자본이 비교적 덜 들어간다는 위탁판매의 경우에도 똑같은 상품에 똑같은 상세페이지만 가지고는 경쟁력을 가지기 쉽지 않다. 이 지점에서 최저가 경쟁이 발생하기도 한다. 워낙 비슷한 종류의 제품이 많기 때문에 상세페이지와 제품 세트 구성 등을 통해 차별화해야 하는 경우도 많다. 돋보이는 사진, 고퀄리티의 상세페이지는 제품의 차별화를 불러온다. 브랜드의 주요 자산이다.

〈그림 4〉 어떤 모델, 콘텐츠를 구성하느냐에 따라 비용은 천정부지로 올라갈 수 있다.

많게는 천만 원을 넘어가는 상세페이지 제작비용. 하지만 상세페이지에 이만큼의 투자를 할 정도의 상황이 아니라고 낙담하기는 이르다. 비용 투자를 통한 고퀄리티의 상세페이지 이미지를 모두 커버할 수 있는 방법이 있다. 상세페이지 기획 전략이 그것이다.

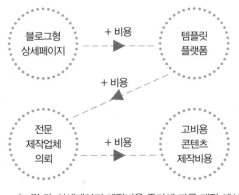

〈그림 5〉 상세페이지 제작비용 증가에 따른 제작 예시

 기획하지 않으면 투자는 실패한다

기획의 사전적 의미는 어떤 일을 꾸미어 계획하는 것을 말한다. 특정한 목적을 성취하기 위해 가장 효율적인 방법을 설계하는 것을 의미한다. 상세페이지에 있어 기획이란, 판매라는 목적을 달성하기 위해 소비자의 심리를 파악하고 경쟁상대를 분석하며, 효과적으로 제품의 특장점을 고객의 뇌리에 인식시킬 수 있는 방법을 설계하는 것이다. 처음부터 끝까지 잘 구성된 뼈대 위에 하나하나 살을 붙여 완성도 있는 하나의 작품을 만들어낸다는 각오로 기획해야 한다. 상세페이지에 브랜드와 제품을 효과적으로 소구할 수 있는 강력한 콘텐츠를 적재적소에 배치해서 고객의 눈길과 마음을 끌어들여야 한다.

　기획의 과정이 없다면 앞서 말했던 상세페이지 제작비용에 상관없이 본질을 잊은 상세페이지가 되기 쉽다. 어떤 메시지와 이미지로 고객을 설득해야 하는지 파악하지 못한 상태에서 상세페이지에 수천만 원을 투자한들 고객을 매혹하기란 쉽지 않다. 어떤 구성요소를 배치하고 브랜드와 제품의 어떤 특장점을 내세워야 하는지 철저히 기획하고 전략을 세워야 한다. 꼭 포함되어야 할 상세페이지 구성요소를 꼼꼼히 채워 넣는 과정도 필요하다. 세밀한 기획이 없다면 상세페이지는 뼈대 없이 흐물거리다 고객의 인식 속에서 무너져 내리고 만다. 기획과 전략이 없다면 제아무리 많은 비용을 들여 제작한 상세페이지더라도 고객의 호응과 구매를 이끌어낼 수 없다.

움짤
이미지
동영상
제품 특장점
연관상품
추천 대상
사용방법
옵션,세트
베스트 후기
상품정보고시
인트로
특허, 인증서
쿠폰,혜택,이벤트
성분, 구성품
브랜드스토리

기획 / 전략

〈그림 6〉 기획과 전략의 탄탄한 토대 위에 잘 짜여 있는 상세페이지만이 판매라는 열매를 얻을 수 있다.

기획과 전략의 탄탄한 토대 위에 치밀하게 구성된 상세페이지의 구성요소들만이 고객을 효과적으로 설득할 수 있다. 판매라는 열매를 맺을 수 있다.

많은 비용을 들여 제작업체에 의뢰하더라도 제품의 어떤 특장점을 강조할지, 어떤 구성으로 상세페이지를 제작할지 결정하는 것은 결국 의뢰인의 몫이다. 판매자 스스로 상세페이지의 구성과 골자를 치밀하게 기획해 놓지 않으면 상세페이지는 그저 예쁜 제품 설명 팸플릿에 지나지 않게 된다. 어떤 이미지와 특장점을 내세워서 고객의 구매 욕구를 자극할지, 판매자 스스로 파악하고 상세페이지의 강약을 조절할 수 있어야 한다. 판매자 스스로 상세페이지 기획 능력을 갖춰야 한다. 그렇지 않으면 적게는 수십, 많게는 천만 원에 가까워지는 상세페이지 의뢰비용이 아무런 힘을 발휘하지 못할 수도 있다.

때로 런칭해야 할 제품수가 많은 경우, 모든 제품을 상세페이지 전문 업체에 의뢰하기에 비용 부담이 커진다. 그런 경우 결국 직원이나 대표가 상세페이지를 직접 제작해야 하는 상황이 발생하기도 한다. 하지만 지나친 걱정은 하지 않아도 좋다. 판매자의 제품에 대한 정확한 이해와 상세페이지 구성요소별로 잘 짜여 있어 기획 능력을 갖춘다면 자체 제작만으로도 높은 수준의 상세페이지 제작이 가능하다. 상세페이지 기획능력에 비한다면 잘 찍은 사진과 동영상은 부차적인 문제일 수 있다.

내 스토어에 발을 들인 고객을 놓치지 않을 결정적인 책략. 상세페이지 기획이다.

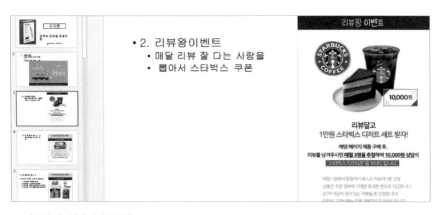

〈그림 7〉 상세페이지 기획 ppt

06 고객이 오래 머무는 상세페이지의 비밀

 고객이 오래 머물게 하라

온라인 매장에서의 구매 결정과정. 앞서 〈04 구매결정 과정, 상세페이지에서 결판을 내자〉에서 자세히 다룬 바 있다. 고객은 '인지 – 검색&탐색 – 이탈&비교 – 구매 – 유지 – 공유'의 복잡다단한 과정을 거쳐 제품구매를 하고 스토어의 단골 고객이 되며 입소문을 낸다. 그리고 고객이 제품에 대한 필요성을 인지하는 순간부터 다른 제품과의 경쟁도 함께 시작된다. 같은 키워드를 가지고 적게는 수백 개 많게는 수십, 수백만 개의 제품들이 경쟁을 한다. 검색과 탐색을 하고 이탈하고 비교해 보는 과정 속에서도 고객이 언젠가 다시 스토어를 찾을 수 있도록 해야 한다. 한 명의 고객을 유치하기 위해 수많은 비용과 시간, 노동이 투입된다. 고객과 만나는 그 결정적인 순간을 놓쳐서는 안 된다. 설령 판매로 이어지는 못할지라도 고객의 기억에 제품과 브랜드가 인식될 수 있도록 인상적인 상세페이지를 세팅해야 한다. 고객이 상세페이지에 체류하는 짧은 시간 안에 고객과의 '관계'를 형성해야 하는 것이다.

처음 방문하는 스토어에서 판매자, 제품과 고객이 관계를 맺기 위해 가장 주요하게 작용하는 요소 중의 하나가 바로 '체류시간'이다. 오프라인 매장이라면 판매자나 대표의 인간적인 매력으로도 얼마든지 고객을 구매로 이끌 수 있다. 하지만 라이브커머스 시간을 제외하고, 온라인에서 판매자가 직접적으로 고객과 소통하며 구매를 촉진할 수 있는 수단은 많지 않다. 어떻게든 상세페이지에서 승부를 봐야 하는 이유다. 비슷비슷한 제품들 가운데에서 고객의 뇌리에 자리 잡을 수 있는 방법. 더 많이 노출되거나 더 오래 머무르게 해야 한다. 어떻게 해서든 고객이 우리 스토어에 머무는 시간을 길게 유지하라!

〈그림 1〉 키워드라는 열쇠로 문을 찾아 들어온 고객

상세페이지의 풍부한 표현과 스토리, 리뷰는 고객의 체류시간을 늘려주는 포인트다. 어떻게든 고객의 관심과 흥미를 끌어야 한다. 제품군에 대한 니즈를 가지고 능동적으로 키워드라는 열쇠를 들어 수많은 상품 중 자사의 문(門)을 열고 들어온 고객. 당연히 그 키워드에 딱 맞아 떨어지는 제품의 풍성한 콘텐츠에 눈길이 간다. 혹시나 직접 만져 보지 못한 불안감에 선뜻 구매버튼에 손이 가지 않는다면, 마치 직접 보고 만져 보는 것 같은 생생한 콘텐츠를 채워 넣어야 한다.

그렇게 체류시간이 증가하면 구매전환율이 올라가거나 적어도 찜이나 링크 공유와 같은 긍정적인 피드백으로 이어질 가능성이 높다. 체류시간의 증가와 유의미한 구매 관련 행동으로 인해 쇼핑 검색 랭킹의 인기도 부문이 상승하기도 한다.

 ## 체류시간을 늘리기 위한 방법

그렇다면 체류시간을 늘리기 위한 방법에는 어떤 것들이 있을까. 사진은 물론 움짤, 영상, 스토리, 음악 등 다양한 방법들이 동원된다.

💬 풍부한 사진

온라인 매장에서는 주로 시각적인 요소들로 제품을 간접 체험하게 된다. 사진을 최대한 다양한 상황에서 촬영하고, 보다 더 풍성하게 이미지를 배치해야 한다. 오프라인 매장이었다면 고객이 제품을 체험하기 위해 했을 법한 행동들을 포착해서 이미지화한다. 이리저리 둘러보고 제품의 안쪽이나 구석진 곳들을 살피고 본인의 몸에 대보기도 하는 등의 고객 행동을 이미지로 구현한다. 전체적인 컷뿐만 아니라 다양한 디테일 컷을 보여주고, 다양한 사용 방법을 제시한다. 특히 디자인이 중요시되는 제품의 경우 더욱더 많은 이미지를 배치해야 한다. 의류나 인테리어소품 등 카테고리가 이에 해당된다. 실제로 잘 팔리는 의류 페이지에는 말보다 다양한 제품 착장 샷이 훨씬 더 많이 제공되는 경향이 있다. 제품에 대한 간단한 소개 후 이미지만 100장 넘게 제시되기도 한다. 마치 화보를 보고 있는 것 같은, 나도 저렇게 입고 싶고 우리 집도 저렇게 되었으면 좋겠다는 욕망을 불러일으킬 만한 사진을 최대한 많이 배치해야 한다. 관심이 가고 눈길을 끄는 사진을 실컷 구경하다 보면 나도 모르게 구매 욕구가 더 증가한다. 여기에 실내와 야외에서 촬영된 사진이 다양하게 등장하면 이미지 배치에 있어 밋밋함을 덜고 좀 더 눈길을 끌 수 있다.

〈그림 2〉 디자인이 중요시되는 제품의 경우 더욱더 풍성한 사진 배치가 요구된다.

✪ 움짤

이제 움짤은 상세페이지에 있어서 빠져서는 안 될 주요요소 중 하나가 됐다. 실제로 사진보다 움짤로 채워지는 페이지들도 많아지는 추세다. 콘텐츠가 풍부한 상세페이지 중에서는 움짤이 30개 이상 들어가는 경우도 많다. 글과 사진으로 이어지는 정적인 상세페이지에서 움직이는 사진은 눈길을 끌 수밖에 없다. 생각 없이 스크롤을 내리다가도 움짤 부분에서는 눈길이 한번 머뭇거린다.

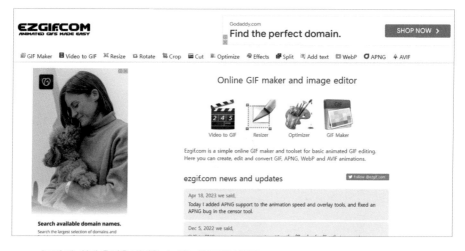

〈그림 3〉 쉽게 움짤을 제작할 수 있는 EZGIF 사이트

사진보다는 영상이 제품을 보다 더 효과적이고 임팩트 있게 보여줄 수 있다는 것은 주지의 사실이다. 다만 움짤이 아닌 동영상은 고객이 직접 클릭 버튼을 누르고 로딩시간을 기다려야 하는 불편함이 있다. 진짜 제품에 관심이 있는 고객을 제외하고는 그 정도의 시간 소요조차 꺼려하는 경우가 많다. 그럴 때에는 움짤을 활용해서 적극적으로 고객에게 '보여주자.' 고객의 동영상 클릭을 기다리기보다는 아무런 액션을 취하지

않아도 저절로 보이게끔 움짤을 적극 활용하자. 인터넷 속도 문제가 없는 요즘은 움짤이 로딩되기까지 시간도 많이 소요되지 않는다. 스크롤을 내리며 움짤에 시선이 머무는 시간 동안 체류시간은 늘어나고 고객과의 관계 또한 깊어진다.

✪ 동영상

제품에 대한 임팩트 있는 영상을 곳곳에 배치하는 것 역시 체류시간을 늘리는데 효과적인 방법 중 하나다. 움짤보다 좀 더 길고 자세하게 제품의 장점을 부각할 수 있다.

하지만 역시 동영상은 고객이 클릭 버튼을 누르고 버퍼링 시간을 기다려야 하는 등 고객 입장에서 번거로운 요소들이 많다. 고객이 클릭을 할 수 있을 만한 매력적인 썸네일과 멘트, 예고 이미지

〈그림 4〉 라이브커머스를 활용하면 생생한 제품 표현과 설득이 가능하다.

등을 배치함으로써 동영상 클릭률을 높이는 전략이 필요하다. 또한 동영상을 한번 클릭하면 중간 이탈 없이 계속해서 시청할 수 있도록, 눈길

을 끄는 정제된 영상들로 임팩트 있게 구성해야 한다. 영상이 지루하고 늘어지면 안 된다. 시청 지속 시간을 늘리는 기술이 필수다.

움짤과 달리 동영상은 소리도 재생이 가능하므로 이를 적극 활용해 보자. 라이브커머스 형식으로 판매자나 대표가 직접 나와서 제품을 설명하는 동영상을 배치할 수도 있다. 라이브커머스는 고객을 직접 설득할 수 있는 최적의 방법이다. 생생하게 제품 소개를 하기로는 더할 나위 없이 좋은 콘텐츠이기도 하다. 이미 진행했던 라이브커머스 중에서 주요 장면만을 재편집해서 상세페이지에 배치하는 것도 좋다.

✪ 스토리

스토리는 풍부할수록 좋다. 제품에 대한 스토리, 브랜드에 대한 스토리, 대표에 대한 스토리. 모든 것이 스토리다. 사람은 보통 설명문보다 이야기에 마음을 연다. 스토리를 촘촘하고 매력적으로 만들면 고객은 눈을 뗄 수가 없다. 흥미로운 소설책 한 권을 읽는 듯, 진정성 있고 솔직한 스토리를 많이 발굴하자. 그리고 그 이야기를 상세페이지에 녹여 내자. 아무것도 아닌 것같이 느껴지는 제품 개발 스토리, 창업 스토리도 어떻게 이야기하느냐에 따라 고객의 뇌리에 브랜드를 각인시킬 수 있는 좋은 소재가 될 수 있다.

✪ 청각적 요소

요즘에는 상세페이지에서 음악적인 요소가 동원되기도 한다. 제품을 '감상'하라는 의미다. 감성적이거나 매혹적인 음악을 상세페이지에 배치하고 재생버튼을 누르도록 유도한다. 그리고 그 음악에 맞춰 제품을 감상하도록 권유한다. 종합 매장에서 제품 구매 결정을 정신없이 빠르게 하기보다 고급 매장에서 제품을 천천히 감상하는 듯한 느낌을 줄 수 있다. 느린 리듬의 음악을 따라 상세페이지에서 천천히 눈길이 오간다. 시각적인 요소만 배치하는 것에 비해 제품이 더 기억에 오래 남을 수 있다.

SNS에서 유행했던 ASMR 콘텐츠를 이용할 수도 있다. 음식이 지글지글 익는 소리, 먹는 소리, 제품을 설치하는 소리 등을 ASMR처럼 듣기 좋은 소리로 제작해 보자. 체류시간은 물론 제품에 대한 호감도 역시 올라간다.

다만, 청각적인 요소는 동영상을 통해 업로드해야 하고, 고객이 이를 클릭하게끔 만들어야 하는 과제가 남아 있다. 때문에 고객이 클릭 버튼을 누를 수 있도록 유도하는 이미지나 멘트 또한 필수로 배치해야 한다. 오감이 충족된 경험은 고객의 뇌리에 더 오래 남기 마련이다. 체류시간과 구매전환율도 함께 올라갈 수 있다.

제품의 느낌을
보다 더 생생하게 느끼실 수 있도록 준비했습니다.

제품 감상하시기 전
준비한 ASMR을 꼭 켜주세요.

〈그림 5〉 청각적 요소를 배치한 상세페이지

2

상세페이지
작성 준비 과정과
구성요소

. . .

본격적인 상세페이지 작성에 들어가기에 앞서 선행되어야 할 작업들이 많다. 상품 키워드 수집, 벤치마킹과 옵션과 가격 결정 등의 과정이 그것이다. 상세페이지에 들어갈 이미지와 움짤, 후기도 전략적으로 준비해야 한다. 그리고 이를 바탕으로 상세페이지에 들어가는 구성요소를 빠짐없이 구성한다는 생각으로 세심하게 기획한다. 챕터 2에서는 상세페이지가 작성되는 과정에 대해 알아보고 상세페이지에 들어가는 구성요소와 카피 작성법에 대해 살펴본다.

01 상세페이지는 어떤 과정을 거쳐 작성되는가

이제 정교한 프로세스에 맞춰 전략적으로 상세페이지를 기획할 차례다. 챕터 1에서 누차 강조했듯 상세페이지에 있어 치밀한 전략과 기획은 필수다. 하나의 상세페이지가 완결되기까지에는 여러 과정이 필요하다. 벤치마킹 – 상품 키워드 수집/연구 – 옵션, 가격결정 – 이벤트, 프로모션 준비 – 상세페이지 콘텐츠 준비 – 이미지, 움짤 준비 – 상품후기 준비. 순서는 상황에 따라 바뀔 수도 있다. 중요한 건 이러한 과정들이 모두 유기적으로 진행되어야 한다는 것. 실제 제작에 들어가면 상세페이지 제작 의뢰 비용이나 사진촬영 비용, 또는 셀프 제작을 하더라도 최소한 제작자의 시간과 노력이 투입된다. 때문에, 실행에 들어가기에 앞서 철저한 기획이 선행되어야 비용을 절약하고 본격적인 판매에 돌입할 수 있다.

세계적인 비즈니스 컨설턴트 브라이언 트레이시는 '성공의 지도' 책에서 '미리 적극적으로 계획을 짜두면 형편없는 성과를 낼 일이 없다'라고 말했다. 이는 상세페이지와 온라인 판매에도 정확히 적용된다. 형편없는 성과가 나올 일이 없도록 철저한 기획과 치밀한 계획으로 온라인 판매를 성공적으로 이끌어내자.

〈그림 1〉 모든 준비 과정이 정교하게 맞물려 돌아가야 한다.

 벤치마킹

기업에서 경쟁력을 제고하기 위한 방법의 일환으로 타사에서 배워오는 혁신 기법이 벤치마킹이다. 벤치마킹은 단순히 경쟁 기업이나 선도 기업의 제품을 복제하는 수준이 아니라 장·단점을 분석해 자사의 제품을 한층 더 업그레이드해 시장 경쟁력을 높이고자 하는 개념이다.

(비즈니스 혁신의 10대 경영도구 노규성, 2014)

경쟁기업, 선도 기업의 장·단점을 분석해 시장 경쟁력을 높이는 벤치마킹 방법은 온라인스토어뿐만 아니라 사업의 전 과정에 있어서 빼놓을 수 없는 부분이다. 상세페이지를 작성하는 데 있어서도 역시 가장 중요한 과정 중 하나다. 나를 알고 벤치마킹 대상을 알고 그를 바탕으로 나를 업그레이드해야 한다.

특히 쇼핑 플랫폼에서 가장 면밀히 살펴야 할 벤치마킹 대상은 '키워드' 경쟁업체다. 스마트스토어를 기본으로 상품을 런칭한다고 가정했을 때, 키워드는 가장 집중 공략해야 할 분야 중 하나다. 공략해야 할 키워드로 상위에 노출되어 있는 업체들, 광고 상위에 노출되어 있는 업체들의 상세페이지를 면밀하게 분석해야 한다. 이탈이 수월한 온라인 쇼핑의 특성상 고객은 적어도 상위에 노출되어 있는 몇 개 제품들은 필수로 비교하고 제품을 구매하기 마련이다. 우리의 공략키워드를 직접 검색해서 유입되는 고객들에게 노출되는 상품을 분석해야만 그중 우리 제품이 더욱 돋보이게 할 수 있다.

경쟁업체 혹은 벤치마킹 대상 업체의 상세페이지 내용과 구성을 살피고, 리뷰와 Q&A를 분석한다. 이미지와 움짤을 어떻게, 얼마나 사용했는지 살피고, 콘텐츠 배치 패턴도 분석한다. 특장점으로 내세운 부분들과 고객을 끌어들이는 카피도 수집한다.

특히 상위노출 업체의 리뷰는 가장 주요한 분석대상이 될 수 있다. 판매자의 입장에서 놓치기 쉬운 제품의 장단점, 혹은 제품을 어필하는 데 있어서 가장 중요한 부분을 소비자가 더 잘 알고 있는 경우도 많기 때문이다. 때로 소비자는 판매자보다 그 제품에 진심이고 전문가다. 그런 소비자의 심리를 살필 수 있는 가장 좋은 방법 중의 하나가 리뷰와 Q&A. 이 두 가지를 살피는 과정을 필수로 거쳐야만 한다.

상세페이지 작성에 있어서 가장 중요한 부분 중 하나인만큼, 더 자세한 벤치마킹 방법은 다음 챕터에서 상세히 다루도록 한다.

〈그림 2〉 벤치마킹 대상 스토어 찾기

 ## 상품 키워드 수집, 상품명 연구

스마트스토어 운영에 있어 빼놓을 수 없는 주요 공략 대상. 바로 '키워드'다. 키워드를 바탕으로 상품을 소싱하고 키워드를 중심으로 고객을 만난다. 상품명에 어떤 키워드를 넣느냐에 따라 경쟁상대가 달라지고 상위노출 여부가 달라진다. 공략하고자 하는 키워드에 따라 상세페이지의 내용도 달라질 수밖에 없다. 예를 들어 저당밥솥 키워드와 미니밥솥 키워드 중 어떤 키워드를 선택하느냐에 따라, 공략하고자 하는 대상에 따라 상세페이지에 포진될 콘텐츠가 달라진다.

먼저 런칭하려는 상품의 키워드를 최대한 많이 수집하고 상품명을 연구해야 한다. 고객이 자사 제품을 어떻게 지칭할지 어떤 키워드로 검색할지 분석하고 그 '말'을 수집해야 한다. 고객은 생각보다 더 다양한 키워드를 통해 제품을 찾는다. 특정 제품이 필요한데 그 제품을 지칭하는 말이 딱히 떠오르지 않을 때 어떤 말로 검색해야 할지 고민했던 경험, 누구나 한번쯤 있을 것이다. 예를 들어 초등학생이 사용할 작은 가방을 검색하려는데 딱히 그 말을 지칭하는 키워드가 떠오르지 않는다. 초등학생가방, 소풍가방 등 여러 단어를 검색해 보고 내가 원하던 디자인이 슬링백이나 힙색이라는 키워드를 가지고 있었다는 사실을 알게 된다.

〈그림 3〉 네이버 광고 키워드 도구 소풍가방 연관 키워드

이처럼 고객들은 필요한 물건을 구입하기 위해 다양하게 단어를 조합해서 제품을 검색한다. 니즈가 정확할수록 세부 키워드를 직접 입력해

서 제품을 검색하는 경향이 있다. 판매에 있어서도 통상적으로 세부 키워드부터 시작해서 차츰 대형 키워드까지 공략하는 전략이 자주 쓰이기도 한다.

이렇게 수집한 키워드를 바탕으로 상품명이 만들어진다. 고객이 검색한 키워드가 가장 잘 반영되는 부분 중 하나가 상품명이다. 어떤 키워드를 집중 공략대상으로 삼고 상품명을 어떻게 조합할지 결정하는 것은 제품 노출에 있어 가장 주요한 부분을 차지한다.

키워드 수집은 기본적으로 '네이버 광고' 페이지에서 할 수 있다. 연관 키워드와 검색량 등을 바탕으로 공략 키워드를 설정한다. 판다랭크나 아이템스카우트 등 상품분석 사이트에서도 맞춤 연관 키워드 분석이 가능하다. 키워드 분석 사이트 중에서는 특히 'darli data'를 추천한다.

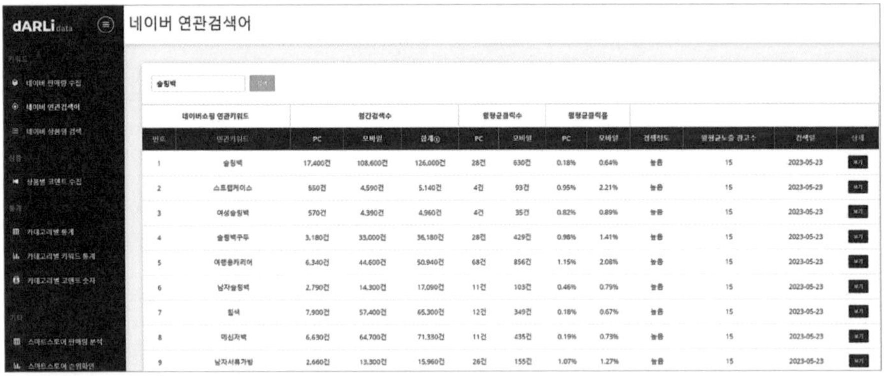

〈그림 4〉 키워드 검색에 유용한 달리데이터

연관검색어뿐만 아니라 판매량, 특히 상품별 리뷰까지 수집이 가능하다. 리뷰에 표현된 언어를 적극 참고하고 경쟁업체의 키워드를 벤치마킹하는 것도 효과적인 방법이다. 키워드 분석을 통해 고객이 내 제품을 검색해 들어오는 다양한 말, 키워드 데이터를 정확히 쌓아두도록 하자.

 옵션, 가격 등 준비

같은 상품이라도 어떤 옵션 구성을 하고 가격을 어떻게 설정하느냐에 따라 판매량은 판이하게 달라진다. 단품으로 구성할 것인지 묶음으로 구성할 것인지 등에 대해 시장조사를 면밀히 하고 전략을 세우는 단계가 필요하다. 특히 스마트스토어의 옵션 변경은 어뷰징으로 판단되어 불이익을 받을 수 있으므로 애초에 옵션 설정을 어떻게 할 것인지 전략을 철저히 짜야 한다.

〈그림 5〉 다양한 옵션 적용이 가능한 스마트스토어

기본 상품에 더해서 어떤 추가 상품을 판매할 것인지에 대한 구상도 해두면 좋다. 객단가를 높이기 위한 가장 좋은 방법 중 하나가 옵션 구성과 추가상품 구성이다. 추가상품으로는 본 상품과 함께 고객의 입장에서 함께 구매하면 좋을 제품을 최적으로 배치해야 한다. 예를 들어 카메라를 판매하면서 카메라 삼각대를 추가상품으로 구성하면 고객은 다시 삼각대를 찾으러 검색 여정을 떠나지 않아도 되고, 판매자 입장에서는 객단가가 올라가니 서로에게 좋다.

가격 정책도 같은 제품을 판매하고 있는 다른 스토어와 비교해 최저가로 승부할 것인지, 다른 차별점으로 승부할 것인지에 대한 의사결정이 필요하다. 고객의 니즈가 있고 최저가로 상품을 시장에 내놓을 수 있다면 고민할 필요가 없다. 하지만 가격 경쟁은 또 다른 최저가를 낳기 마련이다. 무조건 최저가를 고집하기보다 상품 구성을 어떻게 할 것인지, 옵션 설정을 어떻게 할 것인지, 상세페이지에서 어떠한 차별점을 줄 것인지에 주안점을 두고 전략을 세워야 한다.

이러한 과정을 거쳐 옵션과 가격 전략이 효과적으로 세워진다면, 상세페이지에서는 그 부분을 고객에게 효과적으로 부각할 수 있는 표현 방법을 연구하고 구현해 내면 된다.

이벤트 및 프로모션 계획

제품의 이벤트와 프로모션을 계획한다. 사전 마케팅으로써 체험단을 모집해 제품의 후기를 미리 생성한다든지, SNS상에서 대세 상품이라는 이미지를 미리 부각시킨다든지 하는 다양한 프로모션 전략을 세우고 전개할 수 있다. 제품의 마진구조 및 마케팅 비용을 산정해서 이벤트 계획을 세우고 어떤 식으로 홍보할 것인지를 준비한다.

이러한 사전 작업을 바탕으로 상세페이지에서 체험단의 리뷰를 강조하는 이미지를 제작할 수도 있고, 대세 이미지를 강조하는 콘텐츠를 만들 수도 있다.

 ## 상세페이지 콘텐츠 기획/준비

벤치마킹 대상의 상세페이지를 철저히 분석하고, 제품의 특장점을 파악한 후 상세페이지의 구성요소별로 원고를 채워 넣는다. 워드 파일, PPT, 씽크와이즈 등 어느 형태라도 좋다. 각각의 구성요소에 배치할 원고를 꼼꼼히 작성한다.

챕터 4에서 보다 더 자세히 다룰 예정이지만, 상세페이지에는 통상적으로 들어가야 할 구성요소들이 있다. 브랜드 스토리, 쿠폰/혜택/이벤트, 인트로, 베스트 후기, 제품 특장점, 상품정보 제공고시, 옵션세트, 연관상품, 성분/구성품, 추천고객, 사용 방법/먹는 방법, 특허/인증서/수상내역, 이미지,

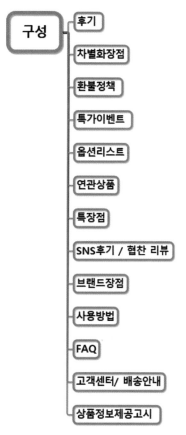

〈그림 6〉 씽크와이즈로 상세페이지 준비

움짤/동영상 등의 요소가 그것이다. 벤치마킹 기반 상세페이지 구성요소를 분석한 내용을 토대로 자사 제품의 원고를 작성하고 콘텐츠를 체크한다. 어떤 이미지를 넣으면 좋을지도 계획한다. 벤치마킹 대상의 상세페이지를 출력해서 벽에 붙여놓고 그를 바탕으로 우리의 상세페이지는 어떻게 발전된 형태로 작성할 것인가를 고민하는 것도 방법이다.

 ## 이미지/움짤/동영상 준비

상세페이지 콘텐츠를 준비하면서 어떤 이미지와 움짤, 동영상을 제작할 것인지에 대한 기획과정을 거친 후 그를 바탕으로 실제 촬영에 들어간다. 이미지 움짤, 동영상의 전체적인 촬영 구도와 콘티 역시 벤치마킹을 기본으로 한다. 경쟁업체 이미지보다 조금 더 업그레이드된 사진과 움짤 등을 표현할 수 있도록 노력한다. 온라인 쇼핑은 결국 시각적인 이미지가 가장 중요한 채널이다. 고객이 상세페이지를 통해 직접적으로 느낄 수 있는 감각은 오감(五感) 중 시각과 청각 정도밖에 없다. 그 밖의 촉각, 후각, 미각은 시각과 청각 콘텐츠로써 '표현'해 주는 수밖에 없다. 한정된 감각 표현으로 고객의 나머지 욕구까지 충족해 줄 수 있어야 한다. 그 방법을 기획하고 연구해야 한다. 맛 표현을 어떻게 시각적으로 감칠맛 나게 할 수 있을지, 청각을 활용한 보다 더 실감나는 표현 방법은 없을지 연구해야 한다.

촬영 스튜디오를 대여할 수도 있고, 집에서 셀프 촬영을 할 수도 있다. 때에 따라서는 전문업체에 의뢰하기도 한다. 하지만 아무리 전문가에게 의뢰를 하더라도 제품의 주요 특장점과 포인트를 가장 잘 아는 것은 제작자와 판매자다. 어떠한 소품을 이용해 어떤 상황에서 제품의 이미지를 어떻게 구현해 내면 좋을지 전략적으로 기획하고 촬영에 임해야 한다. 촬영 때 놓친 장면을 새로 촬영하려면 그 역시 비용과 노력이 추가로 들어간다. 애초에 치밀하게 촬영 컨셉과 이미지 영상 기획 과정을 거친 후 촬영에 들어가야 한다.

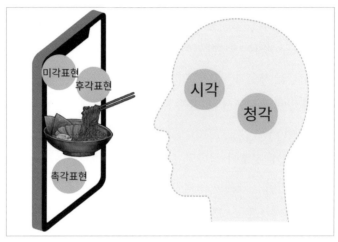

〈그림 7〉 온라인 쇼핑과 오감

 상품후기 준비

일정수의 상품후기는 본격적인 제품 프로모션 전에 미리 채워져 있어야 한다. 지금의 온라인 고객은 아무리 광고 등에 의한 노출이 많더라도 리뷰가 없는 제품은 기본적으로 신뢰하지 않는다. 일정수준의 리뷰가 작성되어 있어야 구매를 고민한다. 따라서 스마트스토어에서 본격적으로 프로모션과 판매가 이루어지기 전에 SNS 공동구매를 통해 미리 리뷰 이벤트를 한다든지, 사전구매 이벤트를 통해 상품후기를 쌓아놓는 과정이 매우 중요하다. 그리고 그 후기 역시 공략하고자 하는 제품과 키워드에서 다른 고객들의 고민과 불편사항들을 정확하게 해결해 줄 수 있는 전략적인 리뷰일수록 좋다. (자세한 방법은 챕터 4에서 다루도록 한다.) 리뷰를 쌓은 후에는 그것을 이미지화해서 상세페이지에 배치한다.

걸프전을 통솔한 장군 노먼 슈워츠코프는 이라크군을 격파한 '사막의 폭풍' 작전을 구상하는데 6개월이라는 시간을 할애했다. 6개월에 걸쳐 복잡한 사항들을 세심히 계획한 이후에야 공격을 개시했고 공격 개시 이후 104시간 만에 세계에서 세 번째 규모의 군대를 격파했다(성공의 지도, 브라이언 트레이시).

하루가 다르게 경쟁이 심화되고 판매에 대한 모든 기술이 오픈되고 있는 지금, 이커머스 세계는 어쩌면 전쟁터와 다름이 없다. 트렌드를 빠르게 파악해서 제품을 소싱하고 공격적인 마케팅 전략을 펼치는 것도 물론 중요하다. 하지만 한두 번의 성공으로 끝나지 않고, 온라인 판매에서의 지속가능한 성공을 이룰 수 있는 단 하나의 전략은, 계획뿐이다. 노먼 슈워츠코프 장군의 '사막의 폭풍' 작전처럼 다소 시간이 걸리더라도 제품 상세페이지를 비롯한 판매전략을 세심히 계획한 후 전장에 나서야 한다. 철저한 계획과 전략으로 구성된 완벽한 상세페이지 폼 하나가 완성되면, 그로부터 다른 제품의 상세페이지도 파생시키기 어렵지 않다. 잘 기획된 상세페이지로 고객의 구매 욕구를 한껏 자극해 보자.

상세페이지에 반드시 들어가는 구성요소

 상세페이지 구성요소 개괄

이제 상세페이지에 기본적으로 들어가야 할 구성요소에 대해 살펴보자. 상세페이지의 구성요소를 정해 두고 그 요소를 하나하나 체크해 가며 채워 나간다면 적어도 꼭 필요한 내용이 빠져 있는 상세페이지 작성은 피할 수 있다. 이벤트를 알리는데 집중하느라 자칫 제일 중요한 베스트 후기 탭을 놓치고 가는 일 따위는 방지할 수 있다. 상세페이지 체크리스트를 만들어 하나하나 체크하며 작성해 보자.

체크리스트는 조리법과 흡사하다. 음식을 만들 경우 특정 조리법을 선택하고 요리사가 설명한 방법을 그대로 따라 하면 전문요리사가 만든 음식의 80퍼센트 정도의 맛은 내기 마련이다(성공의 지도, 브라이언 트레이시). 상세페이지 역시 마찬가지. 제시되어 있는 체크리스트를 하나하나 따라 만들고 채워 나가다 보면 최고의 전문가가 만든 상세페이지의 맛을 비슷하게 따라갈 수 있다. 1등 업체의 상세페이지와 비슷한 퀄리티까지도 제작이 가능하다. 제품에 대해 가장 잘 알고 있는 제작자와 판매자이기 때문에 더욱더 진정성 있는 콘텐츠를 제작할 수 있다. 거기에 고객의 입맛을 사로잡을 만한 나만의 스토리라는 양념을 어떻게 첨가하느냐는 제작자와 판매자의 몫이다.

〈그림 1〉 상세페이지 구성요소

상세페이지를 등록할 때 가급적 들어가야 할 구성요소를 정리하면 대략 이러하다. 이 요소들을 바탕으로 상세페이지를 제작한다면 적어도 꼭 들어가야 할 내용이 없는 미완의 상세페이지로 비용을 들여 광고 집행하는 시행착오는 겪지 않으리라고 본다. 더불어 상세페이지가 보다 더 풍성해져서 좀 더 친절한 상세페이지, 고객의 인식 속에 깊이 자리 잡는 상세페이지가 될 수 있다. 이번 장에서는 상세페이지의 전체적인 구성요소를 한번 훑어보고, 챕터 4에서 각각의 구성요소별로 효과적인 표현 방법과 예시에 대해 보다 더 자세히 살펴보도록 한다.

☆ 공지사항

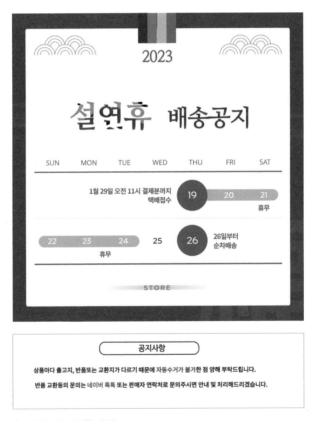

〈그림 2〉 공지사항 예시

배송 이슈가 생겼을 때나, 위탁상품의 경우 고객 정보와 관련된 공지사항 등을 최상단에 배치함으로써 고객의 혼란을 줄일 수 있다. 특히 연휴 기간 등 발송 기한이 정해져 있는 경우 필수로 상단에 이미지를 배치해야 한다. 스마트스토어 자체 메뉴 상품관리>공지사항 관리 메뉴를 활용해서 게시할 수 있다.

✿ 브랜드 스토리

고객이 처음 본 스토어에서 지갑을 열 수 있으려면 가장 기본으로 채워줘야 할 부분이 '신뢰'영역이다. 우리 브랜드가 얼마나 이 제품과 카테고리에 전문성을 가지고 있는지 혹은 제품 큐레이션 능력을 가지고 있는지 고객에게 어필하면 어필할수록 고객은 신뢰감을 갖게 된다.

브랜드의 역사, 대표의 각오 등 브랜드가 성장했던 모든 과정이 스토리가 될 수 있다. 진정성 있는 브랜드 스토리로 고객에게 신뢰감을 심어주자. 스토리를 통해 고객과 적극적으로 소통하고 고객을 찐팬으로 만들어보자.

✿ 쿠폰, 혜택, 이벤트

고객이 우리 제품을 구매함으로써 얻을 수 있는 혜택이 무엇인지, 리뷰를 쓴다면 어떠한 혜택을 받을 수 있는지 보여줌으로써 고객의 긍정적인 구매 관련 행동을 불러일으킬 수 있다. 다만 우리 스토어가 브랜딩이 되어 있는 스토어인지 아닌지 여부에 따라 어떤 혜택을 줄 것인지, 혜택 부분을 상세페이지의 어느 부분에 배치할 것인지가 결정된다.

〈그림 3〉 쿠폰 이미지 예시

　스토어 브랜딩이 되어 있고, 관심 고객수가 충분히 확보되어 있다면 혜택과 이벤트를 상단에 배치해도 상관이 없다. 스토어와 제품의 찐팬들이 혜택을 보고 구매를 바로 결정할 가능성이 있다. 하지만 광고나 키워드로 처음 유입된 고객이 대부분인 스토어의 경우는 고객의 구매결정 요인에 혜택이나 이벤트가 역할을 하는 경우는 많지 않다. 다음에 이 스토어를 다시 방문할지 아닐지 확신할 수 없는데, 스토어에서만 활용할 수 있는 쿠폰 발행이 매력적으로 다가오지 않는다. 스토어의 위치, 고객의 심리를 파악해서 보다 더 효과적인 이벤트, 이벤트 탭 배치를 할 수 있도록 기획해야 한다.

☆ 인트로

제품을 본격적으로 소개하는 부분이다. 주의를 환기하고 고객의 니즈를 불러일으키는 매혹적인 인트로를 만들어야 한다. 고객은 생각보다 상세 페이지를 오래, 자세히 보지 않는다. 눈길을 끄는 인트로로 고객을 사로 잡고 본격적으로 제품 특장점과 소개에 돌입한다.

〈그림 4〉 인트로

☆ 베스트 후기

요즘의 온라인 고객은 굉장히 바쁘다. 이탈율도 높다. 원하는 제품 페이지에 들어와서 다른 내용은 확인하지 않고 리뷰만 보고 구매를 결정하는 경우도 많다. 고객의 구매 욕구를 불러일으키는 후기를 많이 생성해 놓는 것도 중요하지만, 베스트 후기를 이미지화해서 상세페이지 안에서 어필하는 과정 역시 필요하다. 경쟁상대의 후기를 살피고, 평점 낮은 후기 중 우리의 장점으로 부각할 수 있는 점을 찾는다. 그리고 SNS 이벤트, 공동구매나 지인구매 등을 통해 리뷰를 확보할 때, 그러한 부분을 중점적으로 후기를 생성할 수 있도록 가이드라인을 삼는다. 단, 지인구매 등의 행위가 지나치게 많을 경우 어뷰징으로 간주되어 불이익이 생길 수 있으므로 주의해야 한다.

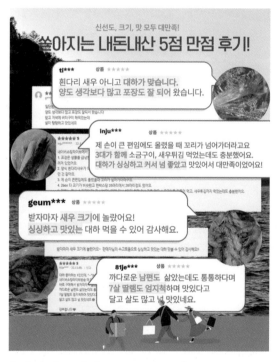

〈그림 5〉 베스트 후기

제품 특장점

제품의 특징을 효과적인 스토리와 이미지, 카피로써 어필한다. 상세페이지에서 가장 힘을 주어 강조해야 하는 부분 중의 하나다. 하지만 제품의 장점만 나열하는 것으로는 구매 욕구를 전혀 불러일으킬 수 없다. 어떻게 효과적으로 특장점을 표현하고 어필할 것인지에 대해 철저하게 고민하고 전략을 세워 표현해야 한다.

〈그림 6〉 특장점 한 페이지에 요약한 콘텐츠

🗨 상품설명

제품의 객관적인 사실과 스펙에 대해 표현해 준다. 상품등록을 할 때 상품정보 제공고시 부분에 체크해 줌으로써 제품의 자세한 속성을 설명해 줄 수도 있지만, 상세페이지 안에 일목요연하게 이미지화해서 한 번 더 설명해 주는 것이 좋다. 때로는 제품의 구성성분이나 원산지 등의 상품설명이 제품의 특장점으로 부각되어 구매 욕구를 불러일으키기도 한다.

〈그림 7〉 상품정보 제공고시 스마트스토어 자체 탭과 이미지 비교

🗨 옵션리스트

제품의 옵션과 가격에 대해 이미지화해서 일목요연하게 보여준다. 제품 인지도가 높은 경우, 스크롤을 내려 옵션리스트와 가격 정보만으로 구매를 결정하는 경우도 많다. 옵션이 많고 복잡한 경우 단순한 이미지를 통해 고객의 혼란을 덜 수도 있다.

〈그림 8〉 옵션리스트

☆ 추가상품

이 제품과 함께 구매하면 좋을 제품들을 구성하고 그것을 이미지로 제작해서 보여준다. '함께 구매하시면 더 이득'을 강조하면서 한 가지 제품을 구매해 준 고객에게 다른 제품의 동시 구매를 권한다. 추가 제품으로 인해 고객의 효용성이 증가하는 것을 강조하며 추가 구매를 유도한다. 이 제품 하나만 구매했을 때보다 함께 구매했을 때 더 효용가치가 올라간다는 것을 이미지로 보여줌으로써 추가 구매를 일으키고 제품의 객단가를 높일 수 있다.

☆ 연관상품 및 연관 관련 링크

추가상품 구성을 하지는 않았지만 이 제품과 함께 구매하면 배송비 혜택을 받을 수 있거나 함께 구매하면 훨씬 더 편의성이 높아지는 스토어의 다른 제품을 함께 추천한다. 해당 제품 링크를 제공함으로써 연관 상품 추가 구매가 용이하도록 돕는다.

☆ 성분, 구성품

상품정보 제공고시에서 정보제공 차원에서 제시한 정보 외에 제품의 성분과 구성품을 보다 더 자세히 설명해 준다. 특히 화장품 등의 카테고리는 제품에 포함된 성분과 유해성분 여부를 꼼꼼히 따지는 소비자가 많으므로 이 부분을 보다 더 효과적으로 부각할 수 있는 방법을 생각해 본다. 푸드 카테고리 역시 재료의 질과 원산지, 성분을 따지는 소비자를 위해 재료와 구성성분을 보기 쉽게 설명하는 이미지를 만들어두면 좋다.

☆ 추천대상

제품의 주요 타깃을 추천 대상으로 언급해 준다. 제품 소싱을 하거나 상세페이지를 만들 때 빠질 수 없는 과정 중의 하나가 타깃 설정이다. 깊고 좁게 설정한 타깃이 상세페이지를 읽어 내려가면서 바로 '내 이야기'라고 무릎을 칠 만큼 구체적으로 추천대상을 제시한다.

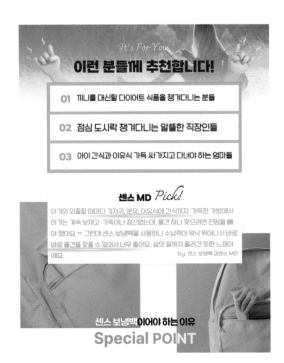
〈그림 9〉 추천대상

☺ 사용 방법, 먹는 방법

제품을 더 맛있게 먹고 효과적으로 사용할 수 있는 방법을 제시함으로
써 고객의 구매 욕구를 불러일으킬 수도 있다. 제품이 다소 복잡해 보였
는데 사용 방법이 의외로 간편하다는 사실을 강조하면서 제품 사용 방
법 역시 제품의 특장점화될 수 있다. 조리과정을 설명하면서 배치한 맛
있는 이미지와 움짤로 인해 구매 욕구가 올라갈 수도 있다. 어떻게 표현
하느냐에 따라 상세페이지 구성요소 하나하나 모두 구매 포인트가 될 수
있다는 사실을 잊지 말자.

☆ 상장/인증서/특허

잘 팔리는 상세페이지에는 브랜드와 제품을 자랑하고 어필하는 내용이 많다. 없던 장점도 끌어내서 최대한 자랑거리를 많이 만들고 부각시킨다. 협찬을 통해 광고 효과를 낼 수 있는 다양한 매체 인증서나 수상내역을 수집하는 방법도 많이 활용된다.

거기에 공식적인 특허나 인증서가 있다면 더욱더 적극적으로 상세페이지에서 자랑하고 어필해야 한다. 온라인 고객은 특허나 스토어의 주장에 대한 객관적인 근거를 중요시한다. 처음 보는 온라인 업체에 대해 가지고 있는 기본적인 불신을 불식시키기 위해 좀 더 적극적으로 객관적인 증거를 수집하고 제시하자.

〈그림 10〉 브랜드 인증서 상장

☆ 포장/배송 방법

포장이나 배송 이슈로 인해 제품의 구매를 망설이는 고객도 많다. 특히 식품의 경우 더더욱 포장 상태에 예민한 고객이 많다. 포장과 배송 역시 스토어의 특장점이 될 수 있으므로 꼼꼼하게 이미지화해서 어필한다.

⭐ 자주 묻는 질문, AS

고객 CS는 업무 시간이 가장 많이 소요되는 부분 중에 하나다. 때에 따라서는 CS 한 건 처리하느라 하루 이상의 업무시간이 소요되는 경우도 발생한다. 또한 결정적인 CS는 스토어의 사활을 결정할 수 있는 중요한 부분이므로 각별히 주의해서 응대해야 한다. 하지만 CS의 패턴을 분석해 보면 대부분 문의하는 내용이 비슷하다. 그 부분만 추려서 따로 이미지화하는 것만으로도 CS에 들어가는 시간과 노력이 훨씬 더 줄어든다. 배송과 포장상태, 옵션 구성 내용 등 고객이 궁금해할 법한 부분들을 미리 자주 묻는 질문 부분을 통해 해소해 주자. 비슷한 제품군의 Q&A를 참고해서 미리 고객의 질문에 대한 답변을 해보는 것도 방법이다.

⭐ 상품이미지

제품의 이미지는 다양할수록 좋다. 내가 이미 가지고 있는 옷과도 잘 어울릴 것 같은 코디사진, 우리 집과 비슷한 인테리어에도 예쁘게 어우러지는 사진을 보면 마음이 혹한다. 바로 그 포인트에서 구매가 결정될 수 있다. 다만 다양하고 풍성한 이미지를 제작하는 데에는 많은 노력과 비용이 필요하다.

하지만 그 모든 것을 감수하고서라도 다양한 이미지를 제작해서 상세페이지 곳곳에 배치해야 한다. 상세페이지에서 고객의 욕구를 불러일으키는 가장 주요한 감각 요소는 단연 시각적 요소다. 그리고 그것은 대부분 상품 이미지를 통해 구현된다.

상세페이지에 퀄리티 좋은 이미지 컷뿐만 아니라 때로는 현실적인 이미지를 적절히 배치하는 전략 역시 효과적이다. 내가 이 제품을 실생활에서 사용했을 때 어떤 느낌일지 간접 체험할 수 있도록 도와주는 이미지를 만들어보자.

〈그림 11〉 실생활에 어우러지는 다양한 제품 사진을 제시하자.

☆ 동영상/움짤

동영상과 움짤은 제품의 매력도를 높여 주는 가장 중요한 요소임과 동시에 고객의 체류시간을 늘려주고 제품과의 관계 형성에 도움을 주는 가장 효과적인 요소 중의 하나다. 특히 요즘에는 움짤의 중요성이 더욱더 커지고 있는 추세다. 따라서 효과적인 움짤을 어떻게 제작하고 배치할 것인지에 대한 전략을 세우는 것이 중요하다.

동영상은 고객이 클릭을 하게끔 만드는 유도장치를 만들어야 한다. 대부분의 고객은 동영상의 클릭 행위와 버퍼링 기다리는 시간조차 번거롭다고 느낀다. 굳이 그 시간을 들여서까지 동영상을 클릭해야 하는 이유를 설명해 주는 유도장치가 필수다.

특히 요즘에는 라이브커머스가 굉장히 중요한 마케팅 수단이기 때문에 판매자 혹은 쇼호스트가 제품을 맛깔나게 설명한 영상을 동영상으로 만들어 상세페이지에 배치하는 전략도 효과적이다.

위에 언급한 구성요소들만 하나하나 채워 넣어도 풍성한, 상세페이지를 작성할 수 있다. 각 요소마다 어떤 내용들을 넣으면 훨씬 더 짜임새 있는 상세페이지가 될 수 있을지 '챕터 4 상세페이지 구성요소 기획하기'에서 더 자세히 설명하기로 한다.

03

구매를 부르는
카피 작성법

 카피란?

광고에서 고객을 끌어들이는 매력적인 말과 글을 카피라고 한다. 상세
페이지에서 고객에게 구매 욕구를 불러일으킬 수 있는 모든 말과 글 또
한 넓은 의미에서 카피라고 할 수 있다. 어떤 이야기와 언어로 고객에게
어필할 것인가. 전체적인 상세페이지의 스토리 라인을 기획하는 것과
마찬가지로 세세한 카피라이트 언어를 기획하는 것 역시 빼놓을 수 없는
중요한 과정이다.

고객의 마음을 이끄는 한 줄, 마음속에 들어갔다 나온 듯 정확히 구
매자의 심리를 파고드는 날카로운 한마디가, 때론 백 장의 사진보다 더
큰 효과를 발휘한다. "판매자님의 입담에 넘어가서 구매했어요"라는 후
기가 나올 정도의 생생한 글을 작성해 보자.

카피를 작성하는 데 있어서도 벤치마킹 과정이 유용하게 적용된다. 각 제품의 카테고리별로 자주 쓰이는 언어 역시 각기 다르기 마련이다. 예를 들어 옷감을 표현하는 언어만 해도 생각보다 다양하다. "찰랑찰랑 쫀쫀 낭창낭창 청량감 있는 블루"처럼 글만 읽었을 뿐인데 옷감의 느낌이 실감나게 와 닿을 정도의 생생한 표현을 계속해서 수집하고 연구해야 한다.

〈그림 1〉 사장님닷컴 상세페이지 추출 코너

벤치마킹하는 방법에 대해서는 다음 장에서 다룰 예정이지만, 벤치마킹 과정에서 언어 수집을 보다 더 수월하게 할 수 있는 온라인 사이트가 있다. 대표적인 것이 사장님닷컴의 상세페이지 추출 코너. 드래그되지 않아 복사할 수 없는 상세페이지의 문장들을 드래그해서 붙여넣기 할 수 있다. 언어 수집에 용이하다.

물론 타사와 완전히 똑같은 표현을 사용할 수는 없다. 다만 상세페이지에서 효과적으로 적용 가능한 언어의 스타일과 표현을 배울 수 있다. 글을 잘 쓰고 싶을 때 잘 쓴 작품을 필사하는 것과 비슷한 원리다. 자기화 과정은 반드시 필요하지만, 좋은 언어표현을 모아 두고 공부하면서 상세페이지 표현 실력을 업그레이드할 수 있다.

고민을 해결해 주는 카피

상세페이지는 콘텐츠가 풍부하고 다양할수록 좋지만, 아쉽게도 대다수의 고객은 상세페이지 상단 부분에서 이탈한다. 상세페이지 상단에서 고객의 관심을 완벽하게 끌어당길 수 있는 강력한 카피 한마디가 더욱더 중요한 이유다.

이럴 때 유용한 방법 중의 하나가 상위노출된 제품들의 평점 낮은 순 후기를 활용하는 방법이다. 고객은 대부분 특정 키워드를 검색한 후 상위노출된 제품 몇 가지를 비교 분석하고 구매를 결정한다. 이러한 소비 패턴에 발 맞춰서 키워드 검색 시 자사 제품의 위치를 파악한 후 그 앞뒤로 포진된 상품들의 리뷰를 살핀다. 그리고 리뷰에서 제기된 제품의 단점을 흡수해서 자사 제품의 장점으로 부각한다.

예를 들어 상위노출 제품의 평점 낮은 순 후기에서, '제품은 좋았는데 포장이 꼼꼼하게 되어 있지 않아서 내용물이 흘러나와 불쾌했다'라는 식의 후기가 다수 나왔다면 그 내용을 바탕으로 자사의 꼼꼼한 포장을 내세우는 카피를 상단 쪽에 배치한다. 고객이 제품을 비교할 때, 평점 낮은 순 후기를 살피고 그 단점을 내가 수용할 수 있는지 여부에 따라 제품 구매를 결정하는 경우가 많다는 점에 주목한다. 이미 타사의 평점 낮은 순 후기를 살펴본 고객이 자사 상세페이지에 진입했다고 가정하고, 타사의 단점을 뒤집는 제품의 장점을 상단에서 강조하는 전략. 타사 제품 구매를 망설였던 고객의 구매를 보다 더 효과적으로 이끌어낼 수 있을 것이다.

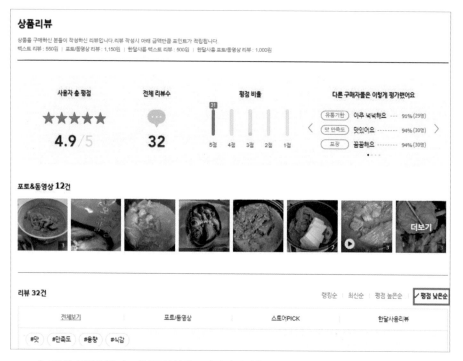

〈그림 2〉 평점 낮은 순 리뷰를 분석하고 자사의 장점을 상단에 배치하는 전략을 세운다.

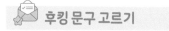 후킹 문구 고르기

상세페이지에서도 강력하게 구매 욕구를 끌어당길 수 있을 만한 후킹 문구가 필요하다. 간다 마사노리의 '무조건 팔리는 카피 단어장'을 참고하

자. 고객의 마음을 빼앗을 여러 표현들이 정리되어 있다.

이 책에 따르면 잘 팔리는 카피로는

– 문제를 제기하는 카피

– 공감하는 카피

– 해결책을 제시하는 카피

– 조건을 제시하는 카피

– 특정한 고객을 타깃으로 삼은 카피

– 행동을 촉구하는 카피

등이 있다.

〈그림 3〉 간다 마사노리, 무조건 팔리는 카피 단어장

예를 들어 문제를 제기하는 카피 중 '-- 거짓말'은 '미백 크림이 가지고 있는 5가지 거짓말'과 같은 방식으로 궁금증을 유발하며 자사 미백크림의 효과를 부각할 수 있고, '--나쁜 습관'으로는 '책상이 항상 더러운 학생의 나쁜 습관 6가지'와 같은 방식으로 고객의 이목을 집중시킨 후, 책상 정리함을 본격적으로 소개할 수 있다. '-끝'이라는 문구로는 '계획 없는 지출 고민 이제 끝'이라는 식으로 새로운 가계부를 홍보할 수 있고, '모르면 손해 보는' 이라는 카피를 이용해서는 '모르면 손해 보는 가구 고르는 방법 10가지'와 같은 카피로 자사 제품의 장점을 부각시킨다.

이처럼 고객의 이목을 한순간에 끌어당길 수 있는 매력적인 후킹 문구를 많이 수집해 놔야 한다. 같은 제품군뿐만 아니라 다양한 제품군의 상세페이지도 면밀히 살펴보고 그 안에서 쓰이는 후킹문구들을 수시로 모아 두는 습관을 길러보자. 타 카테고리에서는 다소 진부하게 느껴졌던 표현도 다른 카테고리에서는 신선하고 창의적인 표현으로 인식될 수 있다.

 숫자로 표현하기

효과적으로 제품을 표현하고 부각할 수 있는 카피문구 표현 방법에는 여러 가지가 있다. 그중에서 시간이나 숫자를 쪼개서 좀 더 구체적으로 표현하는 것을 고객은 더 신뢰하는 경향이 있다. 1년보다는 365일, 8,760시간, 525,600분 등등 더 작게 쪼개서 표현하면, 숫자가 가지는 특유의 객관적인 느낌과 함께 고객의 신뢰도도 올라간다. 제품을 연구한 기간, 우리 브랜드의 역사 등도 모두 숫자로 표현할 수 있다. 다음과 같은 숫자 표현을 적극 활용해 보자.

- 단 3분
- 5초 컷
- 15년 차 덕후
- 70%
- 2년 8개월의 연구기간
- 149개의 샘플

3

내 제품을
알아야 팔린다

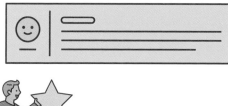

· · ·

한마디로 상세페이지란, 제품에 대해 니즈와 흥미를 가지고 있는 고객에게 제품의 특징을 효과적으로 표현해서 구매를 이끌어내는 과정에 다름 아니다. 그러기 위해서는 해당 제품을 '잘 알아가는' 과정이 필수로 선행돼야 한다. 비슷한 제품이 시장에서 어떻게 포지셔닝되어 판매되고 있는지 알아야 한다. 의외로 제품의 특징 중 어떤 부분을 포인트로 잡고 표현해야 할지 모르는 판매자가 많다. 제품의 특장점조차 제대로 파악하지 못한 상태에서 제작된 상세페이지가 고객을 효과적으로 설득하기란 쉽지 않다. 챕터 3에서는 제품의 타깃을 파악하고 특장점을 선별하는 방법을 다룬다. 더불어 모든 과정의 기본인 벤치마킹 과정을 제대로 수행함으로써 상세페이지를 보다 더 업그레이드하는 전략에 대해 알아본다.

01

타깃을 알아야
팔린다

본격적인 상세페이지 작성에 들어가기에 앞서 내 제품의 타깃이 누구인지 명확히 설정하는 과정이 필요하다. 정확한 타깃을 잡고 그 타깃의 니즈를 충족시켜 줘야 한다. 그 과정을 온라인 고객을 만나는 접점인 상세페이지에 녹여 내야 한다.

타깃은 좁고 깊고 상세할수록 좋다. 우리 제품의 특징을 듣고 곧바로 구매 욕구를 불러일으킬 수 있을 만큼, 지금 당장 특정한 문제를 겪고 있는 타깃일수록 좋다. 특히 고객이 내 제품을 클릭해서 들어오기까지 어떠한 키워드와 어떤 경로를 통해 들어왔는지 파악하는 것이 중요하다. 키워드에 고객의 니즈와 문제, 해결방안이 모두 들어 있다. 쉬운 예로 수유등과 무드등 키워드는 얼핏 기능과 특징은 비슷해 보이지만, 공략해야 할 타깃이 명확히 다르다. 수유등은 30대 여성의 검색비율이 50% 이상을 차지하지만, 무드등은 20, 30, 40대 여성의 비율이 고루 분포되어 있다. 기능은 비슷하더라도 타깃에 따라 어필해야 할 특징이 달라질 수밖에 없다. 언제나 키워드를 염두에 둬야 하는 이유다.

궁극적으로 우리만의 공고한 브랜드를 구축하고 그 브랜드의 타깃을 대상으로 상품을 런칭하는 것이 가장 이상적이다. 하지만 각각 제품의 상세페이지를 작성할 때에는 기본적으로 그 키워드를 검색해서 들어온 사람의 직접적인 니즈를 정확히 파악하고 그 욕구를 콘텐츠로써 충족해 줄 수 있어야 한다. 그렇게 정확한 타깃팅과 기획된 상세페이지, 상품 하나가 거꾸로 브랜드와 스토어를 일으키는 원동력이 될 수도 있다.

상세페이지가 우리 제품, 브랜드에 대한 하나의 완성된 형태의 스토 리라고 봤을 때, 누구를 대상으로 어떤 이야기를 할 것인가를 결정하는 과정은 매우 중요하다.

우리는 누구에게 이야기를 하고 있는가.

 벤치마킹

구체적인 타깃 설정하는 방법. 가장 간단하면서도 효과적인 방법은 역시 벤치마킹이다. 경쟁업체의 리뷰를 분석하다 보면 생각지도 못한 타깃이 발견되기도 한다.

예를 들어 쓰레기통을 판매한다고 가정해 보자. 쓰레기통만 봤을 때에는 타깃이 굉장히 광범위하다. 대한민국 어느 가정에서든 쓰레기통을 사용하지 않는 집은 없을 테니까. 하지만 쓰레기통의 키워드를 찾고 범위를 좁혀 나가는 과정에서 '자동쓰레기통', '기저귀쓰레기통' 등의 키워드를 찾게 되고 그 키워드를 검색해서 경쟁업체 리뷰를 살펴보다 보면 공략해야 할 타깃층을 발견할 수 있다. 더러운 손으로 물건 잡는 것 싫어하는 깔끔한 성격의 소유자, 육아맘, 애견인 등 공략해야 할 대상 타깃을 좁히는 것이 가능하다. 전통 타깃 분석 방식대로 '수도권 거주 40대 주부'와 같은 방식으로 막연하게 타깃을 설정하는 것보다 훨씬 더 구체적인 콘텐츠 제작이 가능해진다. 대상 타깃의 공감을 불러일으키고 불만을 해소하고 욕구를 충족시킬 수 있을 만한 구체적인 스토리를 제시할 수 있다.

〈그림 1〉 리뷰로 타깃 파악하기

타깃을 분석하는데 도움을 주는 사이트들을 활용하는 것도 효과적이다. '블랙키위'나 '판다랭크'와 같은 사이트에서는 키워드를 주로 검색하는 사람들의 연령과 성별까지 분석해 준다. 구체적인 타깃을 설정하는데 있어서 도움을 받을 수 있다.

〈그림 2〉 블랙키위

〈그림 3〉 판다랭크

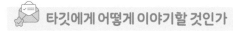

이렇게 내 제품의 특징과 키워드를 기반으로 분석한 구체적인 타깃을 설정했다면, 이제 그 타깃에게 '어떻게' 이야기할 것인가를 결정할 차례다. 적합한 컨셉을 잡고 고객의 입장에서 제품에 대해 이야기해야 한다.

예를 들어 제품의 타깃을 30대 육아맘으로 설정했는데 올드한 느낌을 주는 폰트와 말투, 컨셉으로 상세페이지를 채워나간다면 타깃은 괴리감을 느끼기 쉽다. 상세페이지의 올드한 느낌은 제품에 대한 이미지로도 그대로 이어진다. 특히 MZ세대가 주요 타깃이라면 '가르치려 들지 말고 서서히 끈질기게 유혹'해야 한다(지금 팔리는 것들의 비밀, 최명화 김보라). 그들이 자주 사용하는 커뮤니티나 SNS를 살펴보며 타깃의 문화에 동화되는 과정도 필요하다. 타깃이 반응하는 컨셉에 맞춰 상세페이지의 컨셉을 잡고 이야기를 꾸려 나가야 한다. 설정한 타깃이 무릎을 탁 칠 만한 공감 스토리로 상세페이지를 채워 보자. 타깃에게 직접 이야기하고 설명하듯, 타깃이 주로 사용하는 그들의 언어를 연구하고 사용하자. 어려운 단어나 전문 용어보다는 고객이 알 것 같은 내용까지도 친절하게 풀어 설명해 주는 친근한 동네 가게 주인이 되어 보자.

키워드와 물건에 대한 니즈만을 가지고 상세페이지에 찾아온 고객과의 관계를 형성하고 단골을 만들어내는 것 역시 상세페이지 기획의 힘이다.

02

특장점으로
제대로 판매하기

상세페이지의 궁극적인 목적은 결국 '판매'다. 고객의 니즈를 불러일으키고 구매 욕구를 한껏 상승시켜서 결국은 '구매하기' 버튼을 누르게 해야 한다. 그럴 수 있을 정도의 충분한 설득력이 필요하다. 그리고 그 설득력은 대부분 제품의 '특장점'을 어떻게 표현하느냐에 달려 있는 경우가 많다. 처음부터 제품의 장점만 늘어놓는다고 해서 고객은 설득당하지 않는다. 제품을 판매해서 이득을 얻는 것만이 목적인 장삿속 가득한 스토어라고 생각하는 순간, 고객은 바로 뒤로 가기 버튼을 누른다. 은근하면서도 치명적으로 고객에게 제품의 특장점을 어필해야 한다.

문제는 정작 판매하는 사람이 제품의 장점 파악조차 제대로 하고 있지 못하다는 것. 대부분 소싱에는 일정한 투자 비용이 들어가기 때문에 철저한 데이터를 바탕으로 작업을 진행한다. 하지만 상세페이지 작성 과정에서는 그 작업에 다소 소홀해지는 경향이 있다. 그러나 소비자의 니즈와 트렌드에 대한 데이터에 기반한 연구와 분석은 필수다. 소싱이 끝이 아니다. 상세페이지에서 고객의 니즈를 정확히 집어내고 특장점을 명확히 드러내지 못한다면 팔리지 않는다. 설득은 결국 상세페이지에서 이루어진다.

그렇다면 내 제품의 특장점을 어떻게 효과적으로 파악할 수 있을 것인가. 소비자에 답이 있다. 때로 소비자는 제품에 대해 나보다 더 전문가다. 그들의 목소리에 귀를 기울이고, 고객에게 배운다는 자세로 접근해야 한다.

 소비자 분석

우리 제품을 필요로 하는 소비자는 제품 구매에 있어서 어떤 부분을 중요시할까. 어떠한 라이프 스타일을 가지고 있으며, 어떤 상황과 필요에 의해 우리 제품군을 구매하려고 하는 것일까. 온라인에 나와 있는 각종 자료와 소비자의 궤적을 추적하며 그 데이터를 쌓아갈 수 있다.

🔲 VIEW 탭 분석

우선 자사 제품을 검색창에 입력한다. 가령 '순대국' 키워드를 검색해 본다고 가정하자. 스마트스토어와 플레이스 정보 외에도 수많은 블로그와 카페의 글들이 쏟아져 나온다. 순대국에 관련된 블로그 포스팅을 보면 소비자들이 순대국 맛에 있어서 어떠한 부분을 중요시하는지, 어떤 맛 표현을 쓰는지 등을 분석할 수 있다. 예를 들어 후기 글에서 '국물에서 진한 감칠맛이 돈다'와 같은 표현이 등장했다면, 상세페이지에서 맛 표현을 할 때 참고할 수 있다. 요즘의 블로그는 협찬 리뷰인 경우가 많지만, 설사 그렇다 해도 전문 블로거들의 표현이나 사진과 더불어 카테고리별 트렌드 등 배울 부분이 많다. 충분히 연구할 가치가 있다.

〈그림 1〉 VIEW 탭의 '카페' 부분을 주목하자.

블로그뿐만 아니라 특히 우리가 주목해야 할 부분은, VIEW 탭의 '카페' 부분이다.

VIEW 탭에서 '카페' 필터를 켜면 카페의 글들이 나온다. 이 글들이 대부분 더 솔직한 소비자의 언어를 노출해 주는 경우가 많다. 카페 역시 마케팅 작업이 많이 침투되었다고는 하나 아직까지는 비교적 솔직한 후기들이 많은 편이다. 자신이 알고 있는 정보를 커뮤니티에 솔직하게 알려주고 싶어 하는 선량한 의도의 댓글도 많다. 실제 그 제품이 필요해서 공개적으로 정보를 요구하기도 하고, 사용해 본 후 자발적 후기를 올린다든지, 그 제품군의 마니아들이 전문적인 리뷰를 하는 경우도 적지 않다.

국물이 기름지다, 고춧가루가 특색 있어서 좋다, 육수의 색이 남다르다 등 소비자들이 실제로 사용하는 용어들이 고스란히 글과 댓글로 남아 있는 경우가 많아 참고할 만하다. 실수요자들이 느끼는 제품의 장단점들도 여실히 드러난다. 이러한 표현과 특장점들을 상세페이지에 넣어준다면 현실 소비자의 공감을 불러일으키며 보다 더 실감나는 제품 표현이 가능해진다.

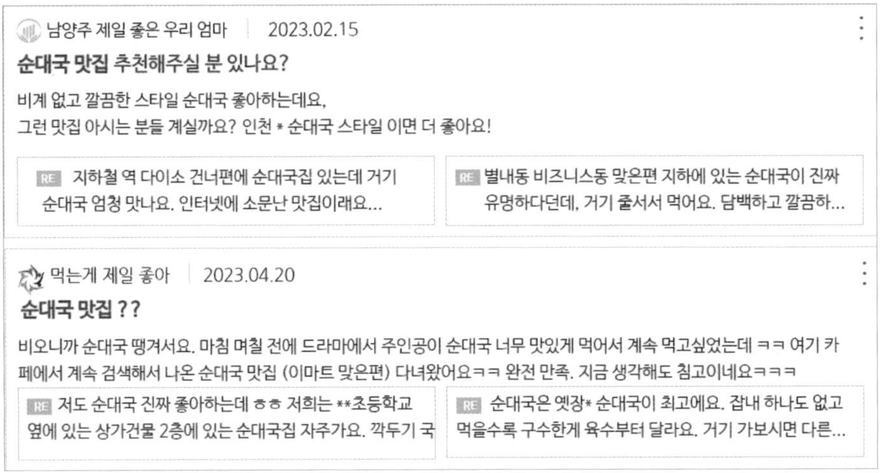

<그림 2> 맛집 추천 카페 글

☆ 리뷰분석

무엇보다 가장 중요한 소비자의 심리는 리뷰를 분석하면 나온다. 지금 당장 접근하기 어려운 대형 키워드라도 리뷰를 분석하는 과정은 필수다. 동일 제품군을 주로 사용하는 소비자들이 실제로 제품을 구매하고 느꼈던 점들을 솔직하게 표현해 주는 부분이므로 후발주자로서는 더할 나위 없이 중요한 판매 자료가 된다.

쇼핑 탭에서 동일 제품군의 키워드로 검색했을 때 나오는 스토어 중에서 리뷰가 많은 업체들을 집중 분석한다. 평점 높은 순으로 필터링한 리뷰의 장점을 우리의 특장점으로 녹이고, 평점 낮은 순으로 필터링한 리뷰에서 거꾸로 우리의 장점으로 내세울 수 있는 부분들이 있는지 면밀

〈그림 3〉 평점 높은 순, 낮은 순 리뷰

히 살핀다. 이후 이 책에서 제시할 벤치마킹 표를 작성해서 리뷰를 일목
요연하게 정리하는 방법도 좋다. '03 벤치마킹 제대로 하기' 부분을 참고
하시길 바란다.

 특장점 제대로 파악하기

소비자의 심리를 파악했다면, 이제 제품의 특장점을 선별할 차례. 상세
페이지에서 제품의 어떤 장점을 어떻게 내세워야 소비자의 구매 욕구를
자극할 수 있을까.

온라인 고객은 비교적 스토어 이탈이 쉽다. 일반적으로 온라인 고객
은 제품에 대한 정보를 충분히 획득하고 비교를 한 후에 최종 구매 결정
을 하는 경향이 있다. 고객의 인식 속에 여러 제품이 혼재해 있는 가운

데에서도 왠지 계속해서 기억에 남는 제품, 지금 사지 않으면 후회할 것만 같은 바로 그 제품이 되어야 한다. 이때 상세페이지의 역할이 절대적이다. 고객의 구매 욕구를 자극할 만한 제품의 최적의 장점을 추려야 한다. 그리고 가장 효과적으로 표현해 내야 한다. 장점만을 계속해서 나열하고 강조하는 상세페이지는 고객에게 강렬한 인상을 심어줄 수 없다.

우리 제품의 특장점을 상세페이지 안에 은근하면서도 치명적인 매력으로 표현하기 위한 다양한 기술이 필요하다. 한 번에 완성되지 않을 수 있다. 고객의 반응을 보며 계속해서 수정하고 보완해야 할 수도 있다. 그럼에도 제품 특장점 연구는 상세페이지와 다양한 온라인 마케팅 과정에서 가장 중요한 부분이기 때문에 꼭 체계적인 진행 과정을 거쳐야만 한다.

제품 포화의 시대. 대부분의 제품은 필연적으로 후발주자일 가능성이 많다. 후발주자로서 고객의 마음을 사로잡기 위한 전략이 필요하다. 틈새를 노려야 한다. 더 이상의 틈새시장은 없을 수 있지만 소비자의 마음에는 틈새가 있을 수 있다. 전략적인 벤치마킹 분석 과정을 거친다면 적어도 그 카테고리의 해당 키워드에서만큼은 분명한 틈새를 찾을 수 있다.

☆ 특장점 정리

앞서 소개한 소비자와 벤치마킹 등의 방법을 통해 내 제품군에서 소비자와 시장에서 중요하게 여기는 요소들을 정리한다. 또한 가능한 다른 브랜드는 사용하고 있지 않는 자사제품만의 특장점 정보와 데이터들도 함께 정리한다. 다음 표를 참고해 보자.

기능적인 측면	특별한 기능
	다양한 활용도
	간편한 사용
	내구성/안전성
디자인적 측면	유니크한 디자인
	실용적인 디자인
	감성적인 디자인
가격적인 측면	가성비
심리적 측면	제품 사용에 따르는 특별한 경험
제작 과정	정성 가득한 제조과정
	특별한 제작공정
	특별한 원재료
브랜드적 요소	전문성
	역사, 전통

〈그림 4〉 특장점 정리표

제품의 기능이나 디자인, 가격, 심리, 제작과정과 브랜드 등의 측면에서 이러한 요소를 충족할 수 있는 부분이 있는지 살핀다. 최대한 많은 장점 정보를 찾아내야 한다. 그래야 그중에서 타 브랜드와 차별되는, 중점적으로 강조할 만한 주요 강점 요소를 추려낼 수 있다.

이렇게 주요 특장점을 항목별로 하나하나 정리하고, 여기에다가 선발주자의 평점 낮은 순 리뷰를 상쇄할 수 있는 우리 제품만의 특장점까지 효과적으로 부각한다면 고객에게 신뢰감을 줄 수 있는 구매 설득이 가능해진다.

기능적인 측면	특별한 기능	
	다양한 활용도	에이드, 요거트, 따뜻한 차 등 다양한 활용
	간편한 사용	물에 간편하게 타기만 하면 끝
	내구성/안전성	HACCP 인증
디자인적 측면	유니크한 디자인	
	실용적인 디자인	깔끔한 패키지 포장
	감성적인 디자인	
가격적인 측면	가성비	에이드 한 잔 1,000원 꼴
심리적 측면	제품 사용에 따르는 특별한 경험	TV 출연 다수 유명한 과일청을 나도 맛본다.
제작 과정	정성 가득한 제조과정	꼼꼼한 세척 검수, 손수 만드는 수제청
	특별한 제작공정	자체 공장 보유
	특별한 원재료	유기농 비정제 원당 사용
브랜드적 요소	전문성	각종 맛집 인증서
	역사, 전통	20년 전통 전문가 제조

〈그림 5〉 특장점 표 작성 예시

☆ 주제 특장점 찾기

이렇게 제품의 특장점을 추려봤다면 이제 상세페이지 전체를 관통할 만
한 가장 주요한 특장점 주제를 선별해야 한다. 선별한 특장점 중 특히 아
래 항목을 충족하는 부분이 있는지 살펴본다. 그리고 앞서 조사하고 나
열한 제품의 장점들을 이 항목에 맞춰 정리해 본다. 제품이 고객의 돈이
나 시간을 절약해 줄 수 있는가, 고객의 문제를 해결해 줄 수 있는가, 또
는 타제품 대비 획기적으로 차별화된 기능이 있는가, 혹은 제품을 사용
함으로써 소비자의 품격이 올라가는 듯한 정서적 만족감을 제공할 수 있
는가.

심리적으로 소비자는 물건을 구매하면서 끊임없이 갈등한다. 이 제품이 정말 나에게 필요한가, 필요도 없는데 괜히 돈 낭비하는 건 아닌가, 더 좋고 가격도 싼 제품을 알아보는 노력이 부족하지는 않은가. 이러한 심리적 거리낌은 곧 제품을 구매하는 데 있어서도 분명한 장애물로 작용한다.

☑	고객의 **돈**을 절약해 줄 수 있는 부분
☑	고객의 **시간**을 절약해 줄 수 있는 부분
☑	고객의 **문제**를 해결해 줄 수 있는 부분
☑	타제품 대비 차별화되고 업그레이드된 **기능**
☑	제품을 사용함으로써 **품격**이 올라가는 듯한 정서적 만족감

〈그림 6〉 주제 특장점 선별

이러한 부분들을 상세페이지에서 미리 파악하고, 제품이 고객의 돈이나 시간을 절약해 줄 수 있다는 점을 강력하게 주장하자. 고객의 심리적 죄책감은 줄어들고 구매 결정이 보다 더 쉬워진다. 이 제품을 사용함으로써 고객이 얻을 수 있는 경제적인 이점을 부각한다. 예를 들어 내구성 좋고 상대적으로 저렴한 정리함을 구입하는 것이 수납용 서랍을 구입하는 것에 비해 가성비가 좋다는 점을 강조할 수 있다. 또한 시간을 절약함으로써 삶의 질이 올라갈 수 있는 부분도 구체적으로 어필한다. 예를 들어 매번 음식물 쓰레기를 모으고 봉투를 정리해서 엘리베이터를 타고 나가서 쓰레기를 버리고 올라오는데 드는 시간을 수치화하고, 음식물쓰레기 처리기계를 사용함으로써 이러한 시간을 절약할 수 있음을 구체적으로 제시한다. 고객은 자신의 돈과 시간을 절약해 줄 수 있는 서비스와 상품에 지갑을 연다.

고객의 문제를 해결해 줄 수 있는가. 분명 이 제품이 필요해서 혹은 광고에 이끌려서 상세페이지에 유입됐지만 정작 이 제품이 나에게 정말 적합한 제품인지에 대해서는 쉽게 확신이 서지 않는다. 이 제품이 필요했던 구체적인 상황들이 기억나지 않는다. 당신은 분명 이 제품이 꼭 필요했던 순간이 있었다는 사실을. 이미지화해서 친절하고 실감나게 상기시켜 줘야 한다. 우리의 제품으로 인해 해소될 수 있는 고객의 불편 상황은 가장 강력한 제품의 구매 포인트가 될 수 있다.

타제품 대비 차별화되고 업그레이드된 기능이 있다면 역시 강력한 특장점이 될 수 있다. 선발 주자의 단점을 보완한 새로운 제품이라면 그 부분을 적극적으로 어필해야 한다. 기존 소비자들의 불만 사항을 상세페이지에서 언급해 줌으로써 기능적인 장점을 극대화시킬 수도 있다. 자사 제품이 타제품 대비 가장 업그레이드된 버전이라는 점을 부각함으로써 강력한 차별화가 가능하다. 제품력 자체의 차별화와 경쟁력은 더할나위 없이 훌륭한 특장점이므로 최대한 효과적으로 표현할 수 있도록 해야 한다.

또한 제품을 사용함으로써 누릴 수 있는 정서적 만족감도 제품의 특장점으로 강조할 수 있다. 주로 고관여제품이나 사치품 등이 이에 해당하지만, 그에 속하지 않더라도 제품을 사용함으로써, 느낄 수 있는 심리적인 요소들을 장점으로 내세울 수 있다. 유명 연예인이 사용했거나 TV에서 나왔던 제품, 큰 공식 행사에서 활용됐던 제품이라는 점 등을 내세운다. 내가 이 제품을 사용함으로써 그들과 같은 제품을 사용한다는 우월감을 느낄 수 있음을 강조하는 전략이다. 제품이 국제회의 만찬음식으로 선정됐던 점을 강조함으로써, 제품 구매로 인한 고객의 심리적 만족감을 부각하는 예 등이 있다.

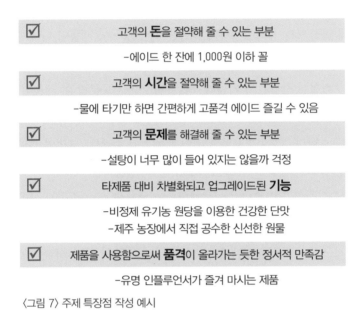

〈그림 7〉 주제 특장점 작성 예시

☆ 주제 메시지 찾기

앞서 정리한 제품의 특장점을 바탕으로 고객심리를 고려한 주제 특장점
을 선별했다면, 그 특장점을 중심으로 스토리를 전개하며 전체 상세페
이지를 관통할 수 있는 주제 메시지를 찾는다. 그 한 가지를 찾아내서 상
세페이지에서 반복해서 전달한다. 그리고 그 메시지를 바탕으로 이야기
를 풀어내고 고객의 문제 해결을 통한 구매 욕구를 자극한다.

다른 브랜드와의 차별화가 필수이기 때문에 경쟁상대 분석과 벤치마
킹 연구는 선행되어야 할 필수요소다. 더불어 상세페이지에서 여러 가
지 풍성한 요소들을 배치하고 제품 특장점들을 강조하는 것도 중요하

다. 하지만 결국 상세페이지를 훑어본 고객의 뇌리에 꽂히는 하나의 강력한 메시지가 있어야 한다. 마케팅의 가장 큰 목적은 판매와 더불어 고객의 인식 속에 깊이 자리 잡는 것이라는 사실 꼭 기억하자.

예를 들어 과일청의 경우 여러 가지 특장점들이 있지만 상위 경쟁상대들이 사용하고 있지 않는 비정제 유기농 원당 사용/제주농장에서 직접 공수한 신선한 원물 등의 특장점들을 추린다. 그중에서 다른 브랜드에서 사용하지 않는, 고객의 문제를 해결해 줄 수 있을 만큼의 강력한 편익은 무엇일지 고민한다. '한 입 마시면 여기가 바로 제주농장'이라는 메시지를 뽑아낸다. 이렇게 한 가지의 주제 메시지를 뽑고 나면 그 이야기를 중심으로 전체 페이지에서 메세지를 반복 강조한다. 더불어 다른 특장점들도 이 메시지와 어우러지도록 스토리 속에서 잘 녹여 내도록 한다.

☑ 고객의 **돈**을 절약해 줄 수 있는 부분

－에이드 한 잔에 1,000원 이하 꼴

☑ 고객의 **시간**을 절약해 줄 수 있는 부분

－물에 타기만 하면 간편하게 고품격 에이드 즐길 수 있음

☑ 타제품 대비 차별화되고 업그레이드된 **기능**

－제주 농장에서 직접 공수한 신선한 원물

한 입 마시면 여기가 바로 제주농장

제주행 특가 티켓 과일청

〈그림 8〉 주제 메시지 찾기 예시

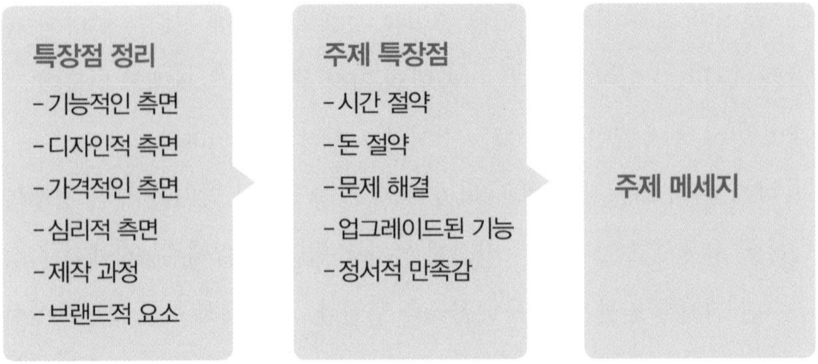

특장점 정리
- 기능적인 측면
- 디자인적 측면
- 가격적인 측면
- 심리적 측면
- 제작 과정
- 브랜드적 요소

주제 특장점
- 시간 절약
- 돈 절약
- 문제 해결
- 업그레이드된 기능
- 정서적 만족감

주제 메세지

〈그림 9〉 특장점 선별 과정

☆ 포지셔닝

마케팅의 클래식 포지셔닝 전략. 여러 가지 특장점들을 연구하고 분석하는 가운데 포지셔닝 전략을 활용하는 것도 유효하다. 상품 과잉의 시대에 런칭되는 제품들은 후발주자일 가능성이 많다. 더 이상 새로운 것은 없다. 그러나 선발주자는 언제나 더 나은 후발주자에 의해 대체되게 마련이다. 앞서 강조한 경쟁상대 분석과 벤치마킹이 필수과정인 이유이기도 하다. 현명한 소비자는 그들과 우리를 비교한다. 분명한 차별점을 원한다. 잭 트라우트와 앨리스의 포지셔닝 전략을 공부하고 제품과 브랜드에 적극 적용할 필요가 있다.

그러나 이 모든 전략 역시 제품 조사, 시장 조사, 소비자 조사의 과정이 면밀하게 이루어져야 가장 큰 시너지를 낼 수 있다. 우리 제품 혹은 키워드의 실질적인 경쟁상대를 분석하고, 그들이 사용하고 있지 않은 '틈새'를 파악하자. 그 틈새에서 고객의 편익을 제공해 줄 수 있는 가장 강력한 특성을 뽑아내는 작업이 반드시 필요하다. 그 지점에서 고객은, 비슷비슷한 제품과 상세페이지 가운데에서 이 제품은 '다르다'라고 느끼고 브랜드와 제품을 각인한다.

잠재고객의 마인드에서 빈자리 찾기. '빈틈을 찾아, 그 자리를 메워라.' 폭스바겐 비틀이 미국에 상륙했을 때, '작다'라는 팩트는 이 자동차가 가지고 있는 가장 큰 약점이었다. 전통적인 마케팅 방법이라면 강점을 최대한 부각시키고 약점을 최소화하는 전략을 썼겠지만 빈틈은 '크기'에 있었다. '작게 생각하라.' 이 광고는 미국 시장에서 '소형차' 포지션을 그대로 선점하게 된다.

고가 포지셔닝도 같은 맥락. 다만 고가 포지셔닝에 성공하려면 고가 포지션을 가장 먼저 구축해야 하고, 상품의 주장이 적절해야 하며, 소비자들이 고가 브랜드를 받아들일 수 있는 영역에 속해야 한다.

(포지셔닝, 잭 트라우트, 앨리스)

때로 너무나 당연하다고 여겼던 우리 제품의 특징이 다른 제품과의 차별화되는 포인트가 되기도 한다. 너무나 당연해서 다른 브랜드들은 미처 부각시키지 않았던 포인트들. 청결함, 제조공정, 산지직송/공식 수입 등의 유통망 부분도 어떻게 강조하고 스토리로 풀어내느냐에 따라 우리 제품만의 특장점이 될 수 있다. 다른 제품들이 부각시키지 않고 있는 너무나 당연한 편익들이 있는지 다시 한 번 분석하고 그 지점을 발견해내자. 시장분석, 제품분석, 소비자분석이 또다시 강조되는 이유다.

증거와 스토리에 목숨을 걸어야 하는 이유

앞서 언급한 다양한 특장점 접근과 분석 방법에 의해 내 제품만의 주제 특장점, 주제 메시지 포인트들을 선별했는가. 그렇다면 합당한 근거를 제시하고 스토리로 풀어낼 차례.

온라인상에서 고객은 대부분 해당 브랜드와 판매자를 처음 접하는 경우가 많다. 고객이 처음 만나는, 심지어 얼굴도 모르고 보이지도 않는 온라인 판매자에게 지갑을 열게 되기까지 판매자는 끊임없이 근거를 제시하고 객관적인 증거를 보여주어야 한다. 온라인 쇼핑몰의 고객은 리뷰와 객관적인 증거를 끊임없이 갈구한다. 온라인 판매의 주요 타깃인 MZ세대는 더더욱 그렇다. 그들은 특히 콘텐츠는 스킵할지언정, 댓글은 꼼꼼하게 읽는다. 성인 남녀 1,200명 중 78.6%는 제품을 구매할 때 소비자 리뷰를 본다고 한다.

(지금 잘 팔리는 것들의 비밀, 최명화, 김보라)

소비자에게 '내돈내산 리뷰'는 이 제품이 '사용해 볼 만하다'라고 말해주는 가장 살아 있는 증거다. 우리가 상세페이지에서 끊임없이 '주장'해야 하는 제품의 특장점에 있어서도 리뷰 못지않은 생생하고 객관적인 증거를 제시해야 한다. 우선 앞서 선별한 제품 특장점에 대한 각각의 근거를 정리한다. 씽크와이즈 같은 정리 프로그램을 활용하면 효율적으로 내용 정리가 가능하다.

그리고 그것들을 가장 효과적으로 표현할 수 있을 만한 표현 방법을 동원한다. 그것은 인증서나 특허 등의 공식 자료가 될 수도 있다. 또는 증거를 합당화할 만한 생생한 증거 사진이 될 수도 있고 동영상, 움짤이 될 수도 있다. 직관적인 실험 사진이나 제작 현장 사진, 고객 인터뷰가 동원되기도 한다. 처음 본 판매자의 제품에라도 과감히 믿음을 가지고 지갑을 열 수 있도록 우리는 우리가 주장하는 것들에 대한 탄탄한 객관적 증거를 제시해야 한다. 가능한 눈에 잘 띄도록 꽤나 잘 다듬어진 스토리로 표현해 주면 금상첨화.

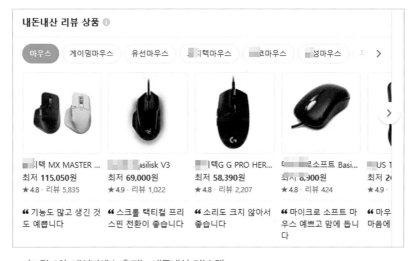

〈그림 10〉 네이버에 노출되는 내돈내산 리뷰 탭

흔히 사람들은 설명문보다 스토리에 더 쉽게 빠져들곤 한다. 특히 온라인 판매에 있어서 고객의 체류시간 확대는 우리 브랜드, 제품과 고객과의 관계를 형성해 줄 수 있는 가장 주요한 요소 중의 하나다. 빠져들 만큼 매력적인 이야기로 채워진 상세페이지는, 체류시간의 증가로 인해 SEO 중 인기도 항목의 점수를 더 선점할 수도 있다. 고객이 지루해하지 않도록, 스크롤을 자꾸만 내리고 싶도록, 딱 내 이야기라는 공감대를 형성할 수 있도록, 계속해서 읽어 내려가고 싶은 풍성한 콘텐츠와 이야기로 상세페이지를 채워야 한다.

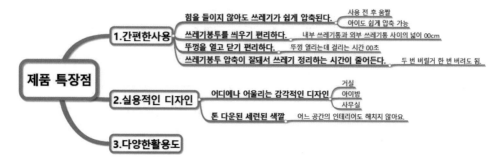

〈그림 11〉 씽크와이즈를 통한 특장점에 따른 근거 정리

　가구 전문 브랜드라는 사실만을 강조하기보다는, 왜 우리가 가구 전문 브랜드가 되었는지에 대한 역사를 이야기로 풀어주는 것이 더 효과적이다. 언제 어떤 뜻을 품고 창업했으며, 그 과정에서 가구업계의 어떤 문제들을 해결하며 지금의 위치에 올랐다, 라는 이야기는 그 자체로 브랜드의 전문성을 드러낸다. 아무리 유기농 화장품이라는 문자를 나열해도, 아이의 피부 고민 때문에 손수 성분을 고민하고 연구해서 온가족이 사용해도 좋은 화장품을 만들어냈다는 스토리라인이 더 마음에 와 닿는다.

　아무리 전문적인 고퀄리티의 사진으로 가득 찬 상세페이지라도, 스토리가 흥미롭지 않으면 고객은 이탈한다. 제품 설명만 늘어놓고 제품의 장점만 주장하면 고객은 흥미를 잃는다. 우리의 주장이 주장으로 끝나지 않도록, 흥미로운 한 편의 이야기를 읽었다는 기분이 들도록, 그러나 그 안에 명확하고 강렬한 메시지가 숨어 있을 수 있도록, 강요하지 않아도 저절로 제품에 대한 정보와 매력도가 상승하는 효과를 기대할 수 있는 탄탄한 스토리라인의 상세페이지를 기획해 보자.

〈그림 12〉 특장점에 대한 근거로 실험 그래프 및 제조공정을 제시하는 상세페이지

03

벤치마킹에
답이 있다

벤치마킹은 사업에 있어 가장 기본이 되는 과정이다. 무조건 베끼라는 것이 아니다. 체계적으로 분석하고 연구해서 내 것으로 녹여 내야 한다. '찾고, 카피하고 개선하라.' 내가 벤치마킹할 대상을 정확히 찾아내고 배울 부분을 추려낸 후, 내 것은 그보다 더 개선된 형태로 선보인다. 적어도 벤치마킹 대상보다는 나은 결과물을 만들어낸다는 각오로 임해야 한다.

벤치마킹 대상 찾기

🔲 와디즈

와디즈는 상세페이지의 정석이라고 할 정도로 풍부하고 잘 만들어진 상세페이지로 가득하다. 당장 펀딩이라는 퍼포먼스를 내야 하기 때문에 상세페이지에 제품의 장점을 극대화할 수 있는 모든 장치가 마련되어 있다. 펀딩 달성률도 표기되어 있어서 잘 팔리는 상세페이지를 선별해 볼 수 있다. 내가 판매하고자 하는 제품을 와디즈에 먼저 검색해 보고 그 콘텐츠를 참고해서 내 상세페이지에 적용해 보자. 전문가에게 맡긴 것 못지않은 상세페이지 결과물을 만들어낼 수 있다.

〈그림 1〉 와디즈

🔲 키워드 벤치마킹 대상 찾기

스마트스토어에서 내 제품을 판매한다고 생각했을 때 실질적으로 경쟁상대가 될 제품들의 상세페이지를 살펴본다. 공략할 키워드로 검색해보고 광고 없이 상위노출된 제품들의 상세페이지를 연구한다. 혹시나 경쟁상대의 상세페이지 퀄리티가 상대적으로 낮다면, 치밀하게 기획한 자사의 상세페이지가 최선의 차별점이자 특장점이 될 수도 있다. 적어도 우리의 경쟁상대보다는 THE MORE, 잘 만들어야 한다. 더 나아가 압도적인 상세페이지를 만든다는 생각으로 임하자.

벤치마킹 대상 분석하기

벤치마킹은 상세페이지를 작성하고 본격적인 상품등록에 들어가기 전에 거쳐야 할 가장 중요한 과정 중 하나다. 하지만 상세페이지에 들어가야 할 요소들이 워낙 많고, 케이스별로 강조해야 할 부분도 각각 다르기 때문에 체계적인 전략을 가지고 접근하지 않으면 안 된다. 자칫 이것저것 좋아 보이는 것만으로 끼워 맞춰져 정작 해야 할 이야기를 놓쳐 버리는 상세페이지가 만들어질 수 있다.

🔲 벤치마킹 기반 원고 작성하기

상세페이지를 본격적으로 제작하기에 앞서, 철저한 원고 작성 과정이 선행돼야 한다. 어떤 특장점을 메인으로 배치할지, 각각 구성요소별로 어떤 사진과 카피를 써 넣을지, 그렇게 해서 전체적으로 제품의 메시지를 고객에게 어떻게 각인시킬지 하나하나 원고로 작성해 내는 과정이 필요하다. 이때에도 벤치마킹이 기반이 된다.

〈그림 2〉 상세페이지 출력 후 분석

적어도 벤치마킹하고자 하는 대상의 상세페이지보다는 더 나은 결과물이 나와야 한다는 생각으로 접근한다. 벤치마킹 대상의 상세페이지를 출력해서 벽면에 붙여놓고 자사 상세페이지에서는 어떤 방식으로 발전시킬지 연구하는 방법도 좋다. 직관적으로 한눈에 전체적인 상세페이지의 틀을 파악할 수 있기 때문에 효과적인 원고 작성이 가능하다.

또는 하나의 폼(form)을 만들어 분석하는 과정을 거치는 것을 추천한다. 처음에는 마치 필사하듯, 벤치마킹 대상의 상세페이지 사진과 카피 등을 직접 폼에 옮겨 쓰며 하나하나 분석해 보는 것도 방법이다. 온라인에서 제품과 브랜드를 보다 더 매력적으로 만들어주는 상세페이지의 '언어'를 익히는 과정이다. 더불어 완벽한 상세페이지를 만드는데 가장 중요한 참고자료를 만드는 과정이기도 하다.

이 책에서 아래의 벤치마킹 과정을 바탕으로 한 상세페이지 벤치마킹 폼을 제시하려 한다. '챕터 3'의 마지막 부분에 참고자료로 첨부해 두었다. 상황에 따라 약간의 변형을 통해 맞춤 폼을 만들어서 사용해도 좋다.

💬 판매 데이터 분석

먼저 우리가 경쟁해야 할, 혹은 벤치마킹할 대상의 기본적인 판매 데이터를 분석한다. 정말 판매가 잘 이루어지고 있는 업체인지, 우리가 배울 만한 업체인지 선별하는 과정이 필요하다. '사장님닷컴'의 상세페이지 추출 코너(https://sjnim.com/content/content_analysis)를 활용하면 벤치마킹 대상의 가격, 최근 3일 구매수와 리뷰 개수, 평점, 태그 등의 대략적인 정보를 알 수 있다. 얼마 정도를 판매하고, 리뷰를 어느 정도 쌓으면 경쟁상대를 이길 수 있는지 대략적인 데이터가 나온다. 동기부여효과도 있다. 하나하나 체크해서 기록한다. URL도 남겨놓고, 언제든지 그 스토어에 들어가서 확인할 수 있도록 한다.

〈그림 3〉 사장님닷컴의 상세페이지 추출 코너

💬 노출 정보 확인

그리고 벤치마킹 대상의 노출 정보를 정리한다. 대표이미지와 함께 노출되는 정보인, 제품 속성, 이벤트, 등록일과 구매건수(노출되지 않았을 가능성도 높다) 등도 체크해서 기록한다. 특히 대표이미지의 연구 분석 과정은 반드시 필요하다. 자사 제품이 해당 경쟁상대 사이에서 키워드 경쟁을 한다고 가정했을 때, 어떤 대표 이미지를 사용했을 때 가장 눈에 띨 수 있을지 전략을 세울 수 있는 중요한 과정이다.

〈그림 4〉 대표 이미지와 함께 노출되어 있는 정보를 확인한다.

☆ 가격 옵션 분석

〈그림 5〉 가격 옵션 분석

벤치마킹 대상의 옵션/추가상품/배송비/배송날짜(오늘 출발 여부) 등 기본적인 정보들도 체크한다. 옵션과 상품 구성은 상품등록에 있어서 굉장히 중요한 요소 중의 하나이기 때문에 경쟁 상대들의 전략을 분석하는 과정은 필수다.

☆ 리뷰 분석

그리고 리뷰를 분석한다. 리뷰는 몇 번을 강조해도 지나치지 않을 만큼의 가장 중요한 정보 중의 하나다. 그 안에 타깃도 있고, 나도 몰랐던 제품의 장점 단점이 모두 녹아 있다. 타깃의 니즈와 욕구도 들어 있기 때문에 면밀히 분석한 후 상품을 런칭해야 한다.

벤치마킹 대상의 리뷰를 '평점 좋은 순'과 '평점 낮은 순'으로 각각 검색한다. 평점 좋은 순에서 나왔던 좋은 리뷰들의 장점은 살리고, 평점 낮은 순에서 나온 제품의 단점들 중 우리의 장점으로 승화시킬 수 있는 부분이 있는지 살핀다. 제품에 니즈가 있어 키워드를 검색해서 들어온 고객들은 기본적으로 상위 몇 개의 제품들을 살펴보고 비교한다.

그중 리뷰는 필수로 훑어보는 요소 중의 하나다. 바쁜 사람들은 상세페이지조차 생략하고, 리뷰만 보고 구매를 결정하기도 한다. 다른 제품들의 리뷰를 읽어본 후 우리의 상세페이지에 유입된 고객을 타깃으로 상정하고 그 고객을 어떻게 설득할 것인지에 초점을 맞춰 상세페이지를 작성하면 좀 더 수월하게 잘 짜여진 상세페이지를 기획할 수 있다.

네이버 판매량 수집, 네이버 연관검색어, 네이버 상품명 검색을 비롯해서 카테고리별 키워드 통계, 코멘트 숫자 등 여러 가지 판매에 도움이 되는 알짜 데이터를 제공한다. 특히 '상품별 코멘트 수집' 코너에서 상품

페이지 URL을 입력하면, 상품후기평을 엑셀로 다운받을 수 있다. 고객의 현실적인 제품에 대한 평가를 살펴보고 자사 상세페이지에 반영할 수 있다. 상품별 코멘트 수집 메뉴를 통해 리뷰 수집하는 방법은,

〈그림 6〉 달리데이터

01 먼저 달리데이터 왼쪽 메뉴의 '상품별 코멘트 수집'을 누른다.

〈그림 7〉 상품별 코멘트 수집

02 수집하고자 하는 상품페이지 URL을 입력한다.

〈그림 8〉 상품페이지 URL 입력

03 수집이 완료되면 오른쪽 메뉴의 '상품후기평'을 누른다.

〈그림 9〉 상품후기평

04 상품후기 노출 화면이 나오면 상단의 '엑셀다운로드'를 누른다.

〈그림 10〉 엑셀다운로드

05 다운받은 파일의 '등급' 셀 부분을 지정한 후 데이터〉오름차순정렬, 혹은
내림차순정렬로 평점 낮은 후기와 평점 높은 후기를 확인한다.

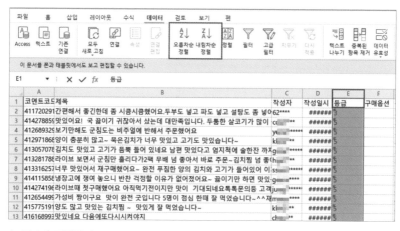

〈그림 11〉 정렬하기

06 또는 첫 행을 셀 지정한 후, 데이터〉'필터' 메뉴를 누르거나 shift + ctrl + L
단축키로 필터 지정을 한 후, '등급' 메뉴에 생성된 화살표를 누르면,

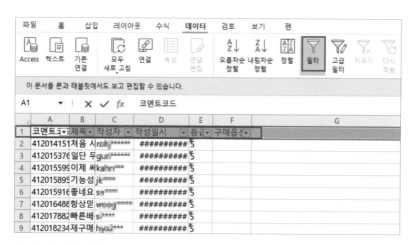

〈그림 12〉 필터 지정하기

07 원하는 평점별로 후기를 선별해서 살펴볼 수 있다.

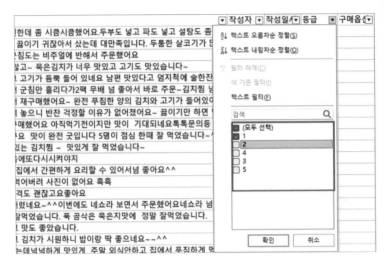

〈그림 13〉 평점 선별해서 확인하기

달리데이터 상품별 코멘트 수집 메뉴에서는, 후기 수집뿐만 아니라 옵션별 판매량, 월별 판매량, 월별 옵션 판매량 등 판매에 도움이 되는 데이터들을 확인할 수 있다. 이곳에서 옵션별 판매량을 확인하고 잘 팔리는 옵션만을 소싱한다면 비교적 재고 부담 적게 스토어를 운영할 수 있다.

☑ 상세페이지 구성요소 분석

이제 본격적으로 상세페이지 분석에 들어간다. 상세페이지의 구성요소를 어떻게 담았는지 순서를 파악한다. 이때 씽크와이즈 프로그램을 활용해서 구성을 체계화하는 것도 한눈에 상세페이지 구성을 파악하는데 도움이 된다.

〈그림 14〉 씽크와이즈를 활용한 상세페이지 분석

　　상세페이지 자체가 하나의 스토리라고 봤을 때, 각각의 요소를 어떻게 배치하느냐에 따라 짜임새 있고 밀도 있는 상세페이지가 될 수도 있고, 뒤죽박죽 맥락 없는 상세페이지가 될 수도 있다. 각각의 구성요소를 체계적으로 제작했더라도 전체적인 짜임을 어떻게 할 것인지를 벤치마킹을 바탕으로 면밀하게 기획해야 한다.

안타깝게도 대부분의 고객은 상세페이지 상단 부분만 읽고 이탈하는 경우가 많다. 혹은 스크롤을 내리다가 개인적으로 관심이 많은 부분이나 움짤 등에 눈길을 잠시 멈추는 것이 전부인 경우가 대다수. 상세페이지 상단에 강조해야 하는 콘텐츠를 배치하고, 움짤과 중간 중간 임팩트 있는 이미지를 구성해야 하는 이유다. 벤치마킹 대상 업체는 어떻게 구성요소를 배치했는지, 어떤 후킹 멘트를 사용했는지, 어떤 움짤을 제작했는지 철저한 분석이 선행되어야 함은 물론이다.

이제 벤치마킹 대상 상세페이지의 각각의 구성요소별로 내용을 채워 넣을 차례다. 이런 작업을 거침으로써, '벤치마킹 대상 업체는 브랜드 스토리에 창업 스토리를 넣고, 특장점으로는 특허 기술을 더 부각했구나' 등 타사 상세페이지의 내용을 보다 더 체계적으로 분석할 수 있다. 동시에 자사의 콘텐츠에서는 어떤 부분을 내세워서 차별화해야겠다는 전략을 세우기에도 용이해진다. 콘텐츠 표현, 카피까지도 분석할 수 있다. 좋은 카피나 후킹 멘트도 역시 벤치마킹 표에 채워 넣는다. 그대로 카피해서 작성하는 것은 물론 금물. 좋은 표현과 멘트 등을 공부한다는 의미로 접근한다.

상세페이지에 자주 쓰이는 효과적인 표현을 많이 접함으로써, 자사 제품과 브랜드에 적합한 카피도 발굴해 내기 용이해진다. 좋은 사진과 움짤이 있다면 역시 표에 채워 넣어 참고자료로 삼는다.

이렇게 벤치마킹 표가 모두 완성되었다면, 이제 이를 참고해서 맨 마지막 칸은 우리의 상세페이지를 어떻게 구성할 것인지를 기획하는데 할애한다. 경쟁상대 및 벤치마킹 대상의 상세페이지 표현과 콘텐츠를 면밀히 분석해서 기획했기 때문에 훨씬 더 판매 포인트를 명확히 잡은, 잘 짜진 상세페이지로 제작할 가능성이 높다.

URL		1등	2등
상품명			
판매량			
노출정보	대표이미지		
	속성		
	이벤트		
	등록일		
	찜		
가격/옵션	가격		
	배송비		
	옵션		
	추가상품		
리뷰	리뷰갯수		
	평점		
	높은 리뷰		
	낮은 리뷰		
셀링포인트			
상세페이지순서	순서		
	브랜드스토리		
	이벤트		

〈그림 15〉 상세페이지 벤치마킹 표 예시 – 거상스쿨 카페에서 다운로드 가능하다.
(https://cafe.naver.com/shopmanagement)

이런 과정을 거쳐 상위 업체의 상세페이지 두세 개를 분석하고, 와디
즈 등에서 벤치마킹하면 좋을 상세페이지 몇 가지를 분석해서 일목요연
하게 표로 작성해 놓는다. 그러면 각각의 상세페이지에서 빠진 부분, 효
과적인 표현 부분에 대한 영감을 얻을 수 있고 적어도 그보다는 더 나은

상세페이지를 만드는데 도움을 줄 것이다.

다시 한 번 강조하지만, 모든 사진과 표현을 그대로 베끼는 것은 금물이다. 이미 타사 상세페이지를 살펴본 후 유입됐거나, 이후 살펴볼 고객이 대부분이라는 가정하에 똑같은 사진과 표현은 절대 차별화를 가져올 수 없다. 자칫 윤리적인 이슈로 이어질 수도 있는 부분이다. 그보다 더 나은 표현을 연구하고, 우리만의 차별화된 포인트로 상세페이지를 채워 나가려는 노력이 무엇보다 중요하다.

씽크와이즈

씽크와이즈는 마인드맵을 기반으로 정보를 구조화해서 정리할 수 있도록 도와주는 프로그램이다. 정리되지 않은 생각들을 체계적으로 정리하기에 용이하다. 핵심어 위주로 의견이나 생각, 정보를 묶어내는 과정을 통해 지식과 정보가 시각적으로 체계화된다. 마인드맵은 물론 다이어그램, 조직도, 플로우차트, 컨셉맵핑, 피쉬본 차트 등 다양한 시각적 사고가 가능하다.

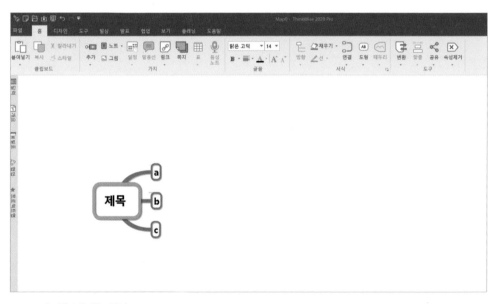

〈그림 16〉 씽크와이즈

CHAPTER

4

상세페이지
구성요소 기획하기

. . .

제품에 대한 이해와 벤치마킹을 통한 경쟁사 분석 및 시장조사, 리뷰 및 온라인 콘텐츠(블로그나 SNS)를 통한 소비자 조사가 끝났다면 이제 본격적으로 상세페이지를 기획할 차례다.

상세페이지에 꼭 들어가야 할 구성요소 항목들에 우리 제품의 어떠한 내용들을 넣고 어떻게 표현할 것인지 구체적으로 기획하는 과정이다. 언급한 항목들이 모두 채워진다면 적어도 무언가 빠지거나 정보가 부족한 상세페이지 제작은 피할 수 있다. 항목들을 모두 체계적으로 채워 나간다면 풍성하고 체류시간이 넉넉하며 구매전환이 잘 이루어지는 상세페이지를 완성할 수 있다.

다만 그 안에 우리 제품을 어떻게 표현하고 어필할 것인가는 온전히 상세페이지를 만드는 제작자의 몫이다. 벤치마킹과 시장조사를 한 내용을 바탕으로 각각의 항목에 어떤 이미지와 카피를 넣을지 꼼꼼히 구상해 가면서 완성도 있는 상세페이지를 만들어보자.

1	2	3	4
상품 이미지	동영상/움짤	브랜드 스토리	쿠폰, 혜택, 이벤트, 프로모션
5	6	7	8
인트로	베스트 리뷰	제품 특장점	상품정보 제공고시
9	10	11	12
옵션, 세트상품	연관상품	성분/구성품	추천대상
13	14	15	
먹는 방법/사용 방법	특허, 인증서, 수상내역	고객센터, 자주 묻는 질문	

〈그림 1〉 상세페이지 구성요소

01

이미지

오프라인 매장에서라면 고객은 제품을 이리저리 돌려 보고 만져 보며 구매 결정을 고민할 것이다. 작동도 해보고 다른 제품과 비교도 해보면서 구매에 확신을 갖는 과정을 거친다. 하지만 온라인 쇼핑몰에서는 다르다. 판매자가 그 경험을 대신 제공해야 한다.

이미지는 상세페이지에 있어서 가장 중요한 요소라고 해도 과언이 아니다. 다른 요소는 한두 개 빠질지라도 이미지는 절대 빠질 수 없다. 고객은 풍부하고 실감나는 제품 이미지를 원한다. 판매자는 특장점을 잘 드러낸 효과적인 이미지를 풍부하게 제공해야 한다. 고객의 니즈와 판매자의 전략, 그 접점에서 구매 욕구가 재탄생한다. 고객이 제품 실물에서 궁금해할 부분과 자사가 내세우고 싶은 제품의 이미지를 모두 포괄할 수 있는 다양한 사진 이미지를 제작해 보자.

이미지는 스마트스토어를 기준으로 가로 860픽셀 크기로 준비한다. 간혹 상품 이미지 촬영을 하면서 SNS 홍보 이미지를 생각해 9:16 등 세로 이미지로 촬영을 하는 경우가 있는데, 그 경우 스마트스토어 크기에 맞추기 위해 부득이 사진 크기를 변경하는 과정에서 화질의 손상이 생길 수 있다. 촬영 시, SNS용, 숏폼용, 상세페이지용 등으로 사진의 크기를 다양하게 찍어두는 것이 도움이 된다.

제품 촬영 전에는 역시 벤치마킹 과정이 필요하다. 같은 카테고리, 같은 제품군의 상품들은 어떤 구도와 소품을 이용해서 사진을 촬영하는지 연구하고, 우리 제품에 최적화된 상품 촬영을 기획한다. 앞서 제시한 벤치마킹 표를 활용해서 각각의 구성요소에 해당하는 이미지 중 벤치마킹할 만한 사진을 수집해 놓는 것도 방법이다. 벤치마킹 시, '사장님닷컴' 사이트의 상세페이지 추출 코너를 활용하면 이미지를 모아 보기에 도움이 된다.

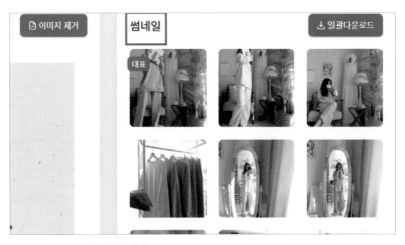

〈그림 1〉 사장님닷컴 썸네일 추출

제품의 디자인이 더욱 중요시되는 소품이나 의류 잡화 등의 경우, 보다 더 풍부하고 다양한 이미지가 요구된다. 디자인 자체가 제품의 특장점이 될 수 있기 때문에 최대한 다양한 상황과 다양한 코디에서의 이미지가 확보돼야 한다.

이미지 역시 고객의 니즈를 파악하고 욕망을 담아내야 한다. 이 제품을 고객이 사용했을 때 어떠한 욕망을 충족시키고 싶을지를 생각하고 그 부분을 이미지로 구현해 내야 한다. 예를 들어 인테리어 소품과 가구 같은 경우는 그 제품이 공간에 놓여 있는 것만으로 확연히 달라지는 공간의 분위기를 이미지로 표현해야 한다. 의류 잡화 같은 경우, 그 옷을 입었을 때 고객이 원하는 핏, 원하는 스타일을 이미지화하는 작업이 중요하다. 다양한 코디와 다양한 설정으로 고객의 마음에 딱 들어맞는 그 순간의 핏을 이미지에 담아 보자. 아웃도어 캠핑 카테고리의 경우, 당연히 야외에서의 모습이 많이 담겨 있어야 한다. 분명 캠핑 용품으로 주력 키워드와 카테고리를 설정했는데 흰 배경에 제품 사진으로만 페이지가 가득 채워져 있다면 고객의 욕망을 불러일으키기 쉽지 않다. 야외에서 얼마나 실용적이고 감성적으로 제품 사용이 가능한지 고객의 상상력을 자극하는 이미지를 다양하게 제시해야 한다.

 ## 이미지 종류

💬 제품 이미지컷

제품의 전체적인 디자인을 보여줄 수 있는 이미지 컷. 깔끔한 배경에 제품이 돋보이도록 보여주는 사진이다. 단일 배경에 제품 배경 제거 이미지(누끼 이미지)를 이용할 수도 있지만, 어울릴 만한 배경과 소품을 이용해서 제품이 돋보일 만한 배치로 촬영하는 기술 또한 중요하다. 역시 벤치마킹을 적극 활용해 보자.

〈그림 2〉 제품과 제품의 재료를 함께 배치한 이미지 컷

📌 착용 및 활용 컷

제품을 다양하게 활용한 모습들을 촬영한다. 다양한 장소, 다양한 상황, 다양한 사람들이 활용하는 모습을 다채롭게 보여준다. 의류 잡화라면 다양한 코디를 한 이미지가 필수다. 생활용품이라면 집안 곳곳에서 활용하고 있는 구체적인 사진들이 효과적이다. 아웃도어 용품이라면 야외에서 찍은 사진을 많이 배치한다. 물론 그 사진들은 모두 고객의 욕망을 자극할 수 있는 퀄리티를 충족해야 한다. 저 사진 속의 주인공이고자

하는 마음이 즉각적으로 생길 수 있을 만큼의 매력적인 이미지를 많이 확보해 보자.

〈그림 3〉 사용 컷 예시

✪ 디테일 컷

제품을 디테일하게 하나하나 쪼개서 보여준다. 제품을 가까이에서 이곳 저곳 확대해서 촬영한다. 촬영해 둔 제품 컷을 자르고 확대해서 이미지를 제공해 줄 수도 있다. 구석구석 꼼꼼히 살펴본 후 구매하고 싶은 고객의 욕망을 충족시켜 줄 수 있다.

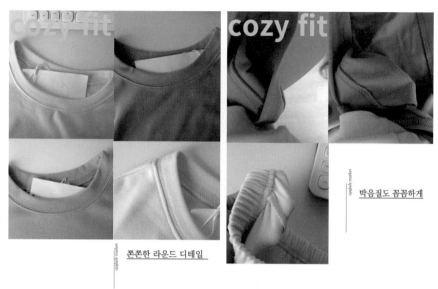

쫀쫀한 라운드 디테일

박음질도 꼼꼼하게

〈그림 4〉 디테일 컷

☆ 공감 컷

제품이 필요한 상황에 대한 공감을 불러일으키는 이미지. 이 제품이 없어서 불편함을 느낄 법한 상황을 이미지화해서 보여준다. 역시 부정적인 이미지인 경우가 대부분이다. 정리되지 않은 공간, 추워 보이는 옷차림, 불편함을 느끼는 표정 등등. 직접 이미지 촬영을 할 수도 있지만, 상업적인 사진 활용이 가능한 사이트(예 : 픽사베이)에서 이미지를 빌려와 활용할 수도 있다. 망각하기 쉬운 뇌에 군이 이 물건이 필요한 이유를 직관적으로 일깨워줄 수 있는 참고 이미지를 적극 활용해 보자.

〈그림 5〉 고객의 감성을 불러일으킬 수 있는 다양한 공감 상황을 이미지화하자.

☆ 현장 컷

제품을 연구하고 제작하는 이미지, 택배 상자가 쌓여 있는 이미지, 혹은 산지에 가서 직접 농사짓는 모습을 보여주는 이미지들은 생생한 현장감을 선사하는 동시에 제품에 대한 신뢰도도 함께 높여 주는 효과가 있다. 예를 들어 국내산 엄선된 재료로만 만든다는 사실을 말로만 설명하는 것보다 직접 산지에 가서 정성들여 가지고 있는 모습을 직접 보여주는 것이 더 효과적이다. 훨씬 더 믿음이 가고 기억에도 오래 남는 상세페이지가 될 수 있다.

〈그림 6〉 현지의 생생한 모습을 직접 보여주자.

02

동영상, 움짤

 잘 팔리는 동영상?

제품의 특장점을 영상으로 구현해서 고객에게 제공하는 것 역시 상세페이지를 풍성하게 만들 수 있는 가장 효과적인 방법 중 하나다. 고객이 실제로 제품을 만져 보고 체험해 보는 것처럼 세심하게 영상을 만들어 제공한다면, 온라인에서 제품을 직접 체험해 보지 못하는 고객의 불편함을 해소해 줄 수 있다. 고객의 불편함을 해소해 주면 언제나 구매확률은 올라가기 마련이다.

하지만 문제는 고객이 동영상을 직접 클릭하고 버퍼링 1, 2초를 기다릴 시간이 부족하다는 것. 고객 입장에서는, 빠르게 제품을 훑어보고 페이지를 이탈해서 제품 비교도 모두 마친 후에야 기나긴 쇼핑 여정이 끝난다. 천천히 상세페이지의 모든 콘텐츠를 살펴볼 만한 여유가 없다. 동영상보다 움직이는 사진인 '움짤'이 더 선호되는 이유이기도 하다. 하지만 만약 판매의 주요 포인트를 동영상에 숨겨놓았다면, 고객이 반드시 그것을 시청하도록 만들어야만 한다. 클릭의 번거로움과 버퍼링 시간을 감내하고 굳이 그 영상을 시청해야 할 필요성을 느끼게 해줘야 한다. 유튜브의 썸네일처럼, 고객의 구미를 당길 수 있는 후킹 멘트와 이미지를 활용해 동영상을 제작하자. 그 이전에 동영상을 클릭하고 싶게끔 만드는 이미지를 먼저 제공하는 방법을 이용할 수도 있다.

〈그림 1〉 동영상 클릭 유도 이미지

"SNS에서 난리 난 라이브커머스! 그 이유를 확인하고 싶다면 클릭하세요."

"동영상 중에 나오는 문구를 톡톡으로 보내주시면 추첨을 통해 네이버 페이를 선물로 드립니다."

물론 동영상이 그 정도의 투자를 할 정도의 가치를 가질 정도로 잘 제작했다는 가정하에, 고객이 동영상을 클릭하게끔 이끄는 문구와 이미지를 적극 활용해 보자.

☆ 제품 소개 영상

고객이 궁금해할 만한 요소를 해결해 줄 수 있는 장치로써 동영상을 활용한다. 실제 만져 봤을 때 질감은 어떤지, 보정 없이 색감은 어떤지, 실제 제품의 마감은 어떤지 등등 고객이 오프라인 매장에서 제품을 접했을 때 꼼꼼히 살펴볼 만한 부분들을 동영상을 통해 보여준다. 4K급의 고급 동영상과 필터 씌워진 사진은 모니터와 모바일 안에 존재하지만, 실제로 고객이 제품을 사용할 때의 제품은 현실에 존재한다. 고객의 제품 체험을 대신해 준다는 생각으로 가감 없이 제품 소개 동영상을 제작해 보자. 가급적 지루하고 늘어지지 않도록 영상이 빠르고 임팩트 있게 제작

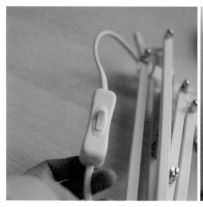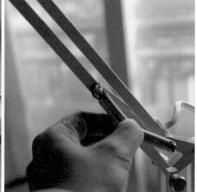

〈그림 2〉 제품 시연 영상

되어야 하는 것은 물론이다. 유튜브나 숏폼 플랫폼들의 인기 있고 트렌디한 리뷰 영상을 참고해서 제작하는 것도 좋다.

✿ 제품 광고 영상

SNS 광고 영상을 상세페이지에 삽입하는 방법이다. 고객의 니즈를 반영해서 제작한 SNS 광고 영상을 상세페이지 안에도 첨부한다. 텔레비전 광고로 나올 정도의 고퀄리티 영상을 제작했다면 그 또한 상세페이지의 훌륭한 콘텐츠가 될 수 있다. 제품 사용 전과 후를 비교하는 등의 공감을 불러일으키고 고객의 문제를 해결하는 소재도 훌륭한 광고 소재다.

제품에 대한 니즈가 있어 상세페이지까지 유입은 됐지만 제품이 필요하다고 느꼈던 세세한 상황까지는 기억하지 못하는 고객들에게 유효한 장치다. 이 제품이 없었을 때에 겪었을 법한 잊고 있던 불편한 기억을 영상으로 생생하게 끄집어냄으로써 고객의 구매 욕구를 한층 더 높이 끌어올릴 수 있다. 챕터 4-07의 '상품 특장점' 표현법을 영상으로 구현한다고 생각하면 좀 더 쉽다. 빠르고 임팩트 있는 제품 광고 동영상을 제작해보자.

SNS 광고 벤치마킹을 원한다면 페이스북 광고 라이브러리를 참고하면 된다. SNS에서 집행되는 광고를 확인할 수 있다.

〈그림 3〉 페이스북 광고 라이브러리
(https://www.facebook.com/ads/library)

☆ 브랜드 소개 영상

브랜드의 역사와 전통, 실제로 업무를 하는 공간 등을 보여줌으로써 고객으로 하여금 브랜드 인지도를 높이고 신뢰도를 강화하도록 유도하는 동영상이다. 오프라인 매장이 유명하다면 사람들이 줄 서서 기다리는 모습, TV에 방영됐던 모습들을 재구성해서 연출할 수도 있다. 하지만 바쁜 고객이 브랜드의 역사와 전통과 관련된 지루한 영상을 버퍼링 시간을 견디며 봐 줄 것인가가 문제다. 뭐든 고객의 입장에서 생각하자. 고객이 관심 없는 부분은 고객이 관심이 많은 부분으로 바꾼다. 우리 회사는 이만큼 꼼꼼하게 택배 작업을 한다. 우리 회사는 이렇게 깔끔한 환경에서 작업을 한다와 같이 고객의 선택에 도움을 줄 수 있는 영상도 좋다. 다만 이 역시 클릭을 유발할 수 있는 문구나 이미지를 하나 더 배치하거나 아예 동영상보다 움짤로 표현하는 것이 현명할 수도 있다. 어느 곳에 포커스를 맞춰 시간과 노력을 배분할 것인지 판단하는 지혜가 필요하다.

〈그림 4〉 정성스럽게 제품을 포장하는 모습을 직접 보여주는 것으로도 고객의 신뢰도를 높일 수 있다.

✪ 대표의 제품/브랜드 소개

동영상에 제품에 대한 설명, 특장점, 사용 방법 등을 담는 것도 좋지만, 대표가 직접 출연해서 제품을 소개하거나 라이브커머스 영상을 제공함으로써 고객의 신뢰도를 높이는 장치로 활용할 수도 있다. 신뢰하기 쉽지 않은 온라인 쇼핑몰에 대표의 얼굴이 보인다는 것만으로 소비자 입장에서는 신뢰도에 큰 플러스 요인이 될 수 있다. 거기에 직접 대표가 나와서 진정성 있는 목소리로 브랜드에 대해 이야기하고 제품에 대해 이야기한다면 브랜드와 제품에 대한 신뢰도는 높아질 수밖에 없다.

☆ 라이브커머스

라이브커머스 시장이 급속도로 성장하면서 온라인 판매와 라이브커머스는 떼려야 뗄 수 없는 관계가 되어 버렸다. 소비자의 구매를 촉진할 수 있을 법한 이야기들로 1시간에서 2시간 정도 꽉꽉 채워 진행되는 라이브커머스. 모든 고객이 라이브커머스에 유입되어서 직접 커뮤니케이션하면서 설득이 가능하다면 최상이겠지만, 안타깝게도 현실적으로 쉽지 않다. 열심히 준비했던 라이브커머스의 하이라이트 영상을 상세페이지에 활용해 보자. 대표가 직접 나온 라이브커머스 영상이어도 상관없고 전문 쇼호스트가 맛깔나는 말솜씨로 진행한 영상이어도 좋다. 생동감 있게 제품을 소개하는 장면을 삽입하는 것만으로도 신뢰도와 구매 욕구가 동반 상승하는 효과를 기대할 수 있다.

〈그림 5〉 라이브커머스의 하이라이트 부분을 재구성해서 삽입해 보자.

온라인 상세페이지에 있어서 고객과의 관계 형성이 가장 중요하고, 관계 형성에 있어서는 체류시간이 가장 중요하다는 점에서 비춰 봤을 때, 동영상은 고객과의 체류시간을 늘려주고 우리 브랜드와 고객의 관계를 형성할 수 있는 가장 중요한 장치 중의 하나다. 고객의 심리를 철저히 분석해 제작하고, 클릭버튼을 누를 수 있는 장치를 마련해서 효과적인 콘텐츠 표현과 설득이 가능하도록 해야 한다.

 잘 팔리는 움짤?

움직이는 사진을 의미하는 '움짤.' 요즘 상세페이지에서 가장 중요하게 부각되는 부분 중 하나가 움짤이다. 적게는 2, 3개부터 많게는 30, 40개까지 삽입되며 갈수록 중요도가 높아지는 움짤. 이유가 뭘까.

만약 제품의 전체부터 디테일한 부분까지, 브랜드의 전통부터 제품이 만들어진 과정까지 고퀄리티의 영상으로 제작해 고객에게 선보일 수만 있다면 그보다 더 흡입력 있는 수단은 없을 것이다. 하지만 고객은 장황한 우리의 영상을 시청해 줄 시간적 여유가 없다. 심지어 클릭하는 것조차 망설인다. 버퍼링 시간도 부담스럽다. 그렇기에 고객이 원하는 포인트와 우리가 강조하고 싶은 바로 그 접점을 정확히 짚어 움짤로 짧고 임팩트 있게 구현해 내야 한다. 아무 생각 없이 스크롤을 내리던 고객도 움직이는 사진에서는 눈이 멈추게 마련이다.

✿ 제품 움짤

움짤을 통해 제품의 모습을 전체적으로 보여준다. 멈춰 있는 사진과 제품을 직접 들고 동(動)적으로 보여주는 움짤은 주목도에서 차이가 날 수밖에 없다. 더 생생하게 제품을 경험해 보는 듯한 느낌을 준다. 제품을 들고 이리저리 움직여 보여주는 모습만으로도 고객의 눈길을 끌 수 있다.

또한 제품의 기술적 특징을 움짤로 보여줄 수도 있다. 만약 제품이 특정 기술과 소재의 결합으로 만들어졌다는 특장점이 있다면, 그 모습을 이미지화해서 움짤로 표현해 줄 수 있다. 예를 들어 의자의 특수 바퀴가 제품의 특장점이라면, 의자에 특수 바퀴가 결합되는 모습을 그래픽을 활용한 움짤로 표현해냄으로써 특장점을 각인시키게 할 수 있다.

제품 사용 방법을 간단히 움짤로 표현할 수도 있다. 제품의 조립이나 사용 과정이 이렇게나 쉽고 간단하다는 것을 움짤로 간편하게 표현해 줄 수 있다.

다만 움짤을 제작할 때, 도입부가 너무 길거나 내용이 늘어지지 않도록 주의해야 한다. 최대한 짧고 임팩트 있게! 강조하고자 하는 부분만을 강조하는 것이 포인트라는 점 꼭 기억하자.

〈그림 6〉 사용 방법 움짤

☆ 욕망을 채워 주는 움짤

고객이 해당 제품을 구매했을 때 기대할 수 있는 부분을 보여주는 움짤을 제작한다. 제품이 가장 잘 활용되는 바로 그 시점을 2, 3초 이내로 임팩트 있게 촬영해 움짤로 나타낼 수 있다. 음식이라면 먹음직스럽게 음식을 한 숟가락 퍼 올리는 장면이라든지, 김이 솔솔 올라오는 순간, 숟가락 위에 커다랗게 얹은 음식이 먹음직스럽게 입으로 들어가는 순간들을 움짤로 표현할 수 있다. 고객의 욕망을 채워 줄 수 있는 임팩트 있는 2, 3초를 끄집어내야만 한다.

〈그림 7〉 실제 활용 장면 움짤

📳 실험 움짤

제품의 특장점을 부각하기 위해 제품력을 움직임으로 보여주거나, 실제로 실험한 모습을 짧은 움짤로 표현하는 방법이다. 예를 들어 자석의 자력을 보여주는 데에는 자석이 철판에 찰싹 달라붙는 모습을 '움직임'으로 표현하는 방법이 최선이다. 도저히 사진으로는 보여줄 수 없는 제품만의 특징을 역동적인 움짤을 이용해서 표현해 보자. 제품의 견고함을 표현하기 위해 성인 몇 명이 제품에 매달려본다든지, 바닥에 던져본다든지 하는 약간은 자극적이면서도 직관적인 실험이 활용되기도 한다.

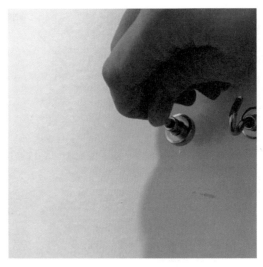

〈그림 8〉 자석의 자력을 보여주는 움짤

📳 문자 움짤

강조하고 싶은 문자를 움직임으로 강조한다. 누적판매 몇 개, 평점 몇 점, 제품을 선택한 사람 몇 명, 제품을 연구하는 데 들어간 시간 몇 시간 등 디테일한 숫자를 강조하기에 좋다. 특히 숫자를 표현할 때에는 두루뭉술한 숫자보다는 1의 자리까지 디테일하게 표현해 주는 것이 신뢰감을 높이는 데 도움을 줄 수 있다. 디테일한 숫자, 자랑하고 싶은 문자를 '움직임'으로써 고객의 뇌리에 각인시키자. 단 너무 자주 사용하면 강조의 의미는 사라지고 정신없는 느낌만 남을 수 있다. '적당히'의 미학이 다시 한번 요구되는 지점이다.

〈그림 9〉 글자를 움짤로 표현하면 강조 효과가 높아진다.

퀄리티 좋은 움짤이 여러 개 포진되어 있으면 상세페이지가 훨씬 더 역동적으로 느껴진다. 상세페이지를 하나의 콘텐츠라고 봤을 때 전체적으로 '볼거리'가 많아진다. 제품이 훨씬 더 생생하게 다가오는 것은 물론 체류시간도 길어진다. 움짤의 중요성은 아무리 강조해도 지나치지 않다. '챕터 6 눈길을 사로잡는 움짤 제작하기'에서 더 자세하게 다루도록 하겠다.

03 브랜드 스토리

이미 인지도가 공고히 구축되어 있는 브랜드가 아닌 이상 대부분의 고객은 우리 브랜드와 제품을 처음 접하는 경우가 많다. 비록 처음 보는 업체라도 소중한 돈을 지불하고 물건이 도착할 때까지 믿음을 갖고 기다릴 수 있도록, 우리는 우리 브랜드에 대해 보다 더 풍성하고 많은 이야기를 풀어내야 한다. 객관적인 인증서나 증거가 많을수록 좋다. 오프라인에서 유명한 곳이라면 오프라인에서의 인지도를 적극 활용할 수도 있다.

상세페이지에서는 최대한 제품과 브랜드의 장점을 효과적으로 어필해야 한다. 마음껏 자랑하라. 그리고 자랑거리를 객관적으로 증명하라. 증명하면 증명할수록 상세페이지 안에서 고객과 브랜드와의 관계가 굳건히 형성되고 신뢰도도 높아진다. 더군다나 스마트스토어는 블로그형 스토어로서 여타 쇼핑몰에 비해 좀 더 친근하고 커뮤니티적인 성격이 강한 편이다. 고객과 자사가 동일한 관심사를 갖고 있다는 관점에서 접근할 수도 있다. 특정 키워드를 검색해서 유입된 고객과 그 키워드의 제품을 연구하고 판매하려는 우리의 관심사가 비슷하다는 점을 이용하자. 같은 관심사를 갖고 이야기를 나누면 동질감을 느끼게 되고 보다 더 깊고 편안한 관계가 형성되기 마련이다. 고객과의 관계 형성은 사업을 성공으로 이끄는 가장 주요한 요소다. 마치 블로그의 친근한 이웃 사이인 것처럼 편안하게 우리의 이야기를 풀어내 보자.

브랜드 스토리는 대부분의 상세페이지에 반복적으로 들어가는 경우가 많다. 한번만 잘 만들어 놓으면 매 상세페이지마다 브랜드 스토리를 만들고 채워 넣느라 고심하지 않아도 된다는 이야기다. 바꿔 말하면 그만큼 한번 만들 때 공들여 만들어야 한다는 이야기이기도 하다.

다양한 유형에 대해 살펴보고 자사의 몸에 딱 맞는 브랜드 스토리를 만들어보자.

 ## 브랜드의 역사

우리 브랜드가 얼마나 제품에 진심이고, 제품을 발전시키기 위해 많은 노력을 기울여왔는지, 브랜드의 역사를 이미지화해서 보여준다. 오랜 기간 제품을 연구해온 역사를 그대로 보여주는 것만으로도 제품에 대한 진정성과 전문성이 드러난다. 오프라인 매장이 있다면 매장이 언제부터 시작되었고 어떻게 지금에 이르게 되었는지를 보여주는 것도 좋다. 이때 대표나 담당자가 직접 등장해서 브랜드 소개를 해주는 것이 신뢰도를 높여 주는 방법이 될 수 있다. 대표의 편지로 이야기를 전개해 나가는 것도 좋은 표현 방법이다.

"안녕하세요,
불란서 베이커리 대표
김불란입니다."

저희 가족은 3대째 빵을 만들어오고 있습니다.
어렸을 때 아버지가 집에 돌아오실 때마다
한 봉지씩 가져다 주시던
고소한 소보로의 맛을
아직도 잊을 수가 없습니다.
제가 처음 빵을 만들겠다고 했을 때
아버지는 좀 더 편한 길을 갔으면 하시며
반대가 심하셨습니다...

〈그림 1〉 브랜드의 역사를 대표의 편지로 표현

"우리의 비전과 미션을 공유하라." 사토 덴의 나 홀로 비즈니스에 의하면 '꿈'에 자기 이외의 타인을 위한다는 '미션'이 더해지면 그것이 곧 '비전'이 된다고 한다. 그렇게 비전이 된 꿈은 많은 사람들의 지지를 받는다.

'자주 먹는 빵이지만, 먹을 때마다 행복하고 몸에도 좋아서 드시는 분의 하루를 행복하게 채워 줄 수 있는 음식을 만드는 것이 꿈이다'와 같은 비전. 비록 이윤을 추구하는 사업가이지만 궁극적으로 다른 사람 모두를 위한다는 진심 어린 마음과 비전이 선포되면 보는 사람으로 하여금 제품과 브랜드에 대한 호감도와 신뢰도가 함께 올라가는 효과가 생긴다.

우리 브랜드의 비전을 상세페이지에서 공유하자. 처음 본 고객이더라도 그 비전에 공감할 수 있도록 친근하면서도 진정성 있게 비전을 선포하자. 회사의 이익뿐만 아니라 타인, 더 나아가 사회의 이익을 목표로 하는 선한 기업에 부정적인 인상을 가지고 접근할 사람은 없다. 호감이 생기는 것은 물론, 더 나아가 믿을 수 있는 해당 브랜드를 구매함으로써 선량한 비전에 동참하고 싶다는 생각까지 들 수 있다. 수익의 일부를 기부한다는 메시지를 제시하는 것도 좋다.

이러한 비전과 각오 등을 대표의 편지로써 소개하는 방법도 효과적이다. 직접 손글씨를 쓰거나, 적어도 손글씨 폰트로 작성한 편지 파일을 이미지화해서 게재한다. 소비자의 신뢰도 향상에 큰 영향을 줄 수 있다.

〈그림 2〉 브랜드의 비전을 선포한 브랜드 스토리

제품이 만들어지는 오프라인 공간을 소개한다. 농산물의 경우 농산물이
재배되는 산지의 모습과 직접 농사를 짓는 이미지가 들어가는 것이 좋
다. 브랜드의 진정성과 신뢰도 향상에 도움을 준다. 제조 공장의 모습과
직접 그 제품을 정성들여 만드는 이미지 역시 보여주는 것이 좋다. 오프
라인 매장이 있다면 그 전경을 사진으로 찍어 게시한다. 오프라인에서
제품을 직접 만져 보고 체험해 본 고객들이 구매하는 브랜드라면 조금
더 믿음이 간다.

위탁 판매하는 상품이고 제조 과정을 담을 수 없다면 제품을 열심히
연구하는 대표와 직원의 모습, 사무실이나 창고의 전경 등을 찍어 보여
줘도 좋다. 어렴풋하고 실체가 없어 보이던 온라인 쇼핑몰의 모습이 현
실화되어 다가오는 효과가 있다.

〈그림 3〉 농장 모습 소개

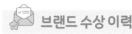

온라인 소비자는 끊임없이 객관적인 증거를 요구한다. 아무리 브랜드의 전문성과 진정성을 주장하더라도 공신력 있는 이미지 한 장의 힘이 더 세기 마련이다. 각종 수상 이력과 인증서 등의 이미지를 적극 활용하자.

〈그림 4〉 수상 이력

04

쿠폰, 혜택, 이벤트, 프로모션

쿠폰, 혜택, 이벤트, 프로모션 부분은 고객의 구매결정 시기를 조금 더 앞당기는 효과가 있다. 너무 흔한 이벤트보다는 실질적으로 고객이 혜택을 받는다고 느낄 수 있는 프로모션을 진행하는 편이 낫다. 알림 쿠폰 얼마짜리 상단에 배치했다고 이벤트가 끝나는 것이 아니다. 그 쿠폰을 사용했을 때 고객이 실질적으로 어떤 혜택을 받을 수 있고, 어떤 가격 절감 효과를 얻을 수 있는지 고객에게 좀 더 적극적으로 어필해야 한다.

이벤트가 상세페이지상에 표시되는 위치는 상품과 브랜드에 따라 달라질 수 있다. 이미 유명한 제품이나 브랜드의 경우 이벤트나 혜택 여부가 구매 결정에 큰 영향을 줄 수 있다. 어차피 사려던 물건이고 브랜드인데 지금 이벤트를 하고, 쿠폰을 준다고 하면 구매를 미룰 이유가 없다. 오히려 더 많이 구입할까를 고민한다. 하지만 브랜드 인지도도 높지 않은 상황에서 상단에 자사 스토어에서만 사용할 수 있는 쿠폰을 강조하는 것은 고객의 입장에서 큰 메리트를 주지 못한다. 상세페이지에서 가장 중요한 상단 부분을 어떤 내용으로 채울 것인지 고민해야 하는 이유다.

이벤트, 프로모션은 일정 부분 마진을 포기해야 하기 때문에 초기 사업자의 경우 꺼리게 되는 경우도 많다. 하지만 효과적인 이벤트와 프로모션은 마진 이상의 브랜드 인지도 상승과 구매전환율을 높이는 결과를 가져온다. 마케팅 비용의 일부는 이벤트 비용으로 따로 예산을 편성하는 것도 방법이다.

고객과 자사 모두에게 이익이 되는 효과적인 프로모션을 설계해 보자.

 ## 365일 우리 브랜드는 이벤트 중

매번 같은 이벤트를 365일 진행하는 것은 의미가 없다. 지속적으로 변화를 주되 같은 가격과 같은 쿠폰이라도 구매하는 고객으로 하여금 큰 혜택을 안고 구매한다는 인식을 심어줄 필요가 있다. 같은 가격이라도 오늘 구매하시면 정상가에 비해 얼마를 할인해 준다는 식으로 지금 가격 자체가 이벤트라는 표현도 가능하다.

신제품 출시 기념 이벤트, 첫눈 기념 이벤트 등등 이벤트의 이름을 붙일 수 있는 항목은 수없이 많다. 구매하는 것만으로도 혜택이라는 생각이 들 수 있는 이미지를 구성해 보자.

어느 정도 제품이 노출되고 판매가 되는 초기 시점. 우리에게 필요한 건 무엇보다 '리뷰'다. 적어도 세 자릿수의 리뷰는 쌓아놓고 마케팅 전쟁에 뛰어든다는 사업자도 많다. 경쟁업체의 리뷰수를 파악하고 적어도 그 이상의 리뷰수는 확보한다는 목표로 임해야 한다.

이에 따라 리뷰 이벤트는 상세페이지에서 빠지지 않고 등장하는 레퍼토리 중 하나다. 하지만 아무리 예쁜 커피 이미지를 올려놓아도 고객이 구매를 결정하는 데에 큰 영향을 미치지는 못한다. 고객은 아직 이 제품의 구매 여부도 결정하지 못했다. 심지어 제품에 대해 정확히 파악하지도 못한 상태다. 리뷰는 그 모든 의사결정 과정을 마친 후 고민할 문제

〈그림 1〉 특가 이벤트

다. 100% 받을 수 있을지 없을지도 모르는 리뷰 이벤트 때문에 제품 구매를 결정할 고객은 많지 않다.

앞서 언급했듯 브랜드의 인지도가 이미 공고히 자리 잡았고, 차별성이 뚜렷한 제품의 경우는 상단에 이러한 리뷰 이벤트를 강조하는 것이 효과적일 수 있다. 하지만 브랜드 인지도가 낮은 상태라면 상황이 달라진다. 상세페이지 상단은 강력한 후킹 멘트와 이미지로만 가득 채워도 모자란다. 효과가 미미한 이벤트 이미지를 배치하기에는 아쉽다. 대부분의 고객이 상세페이지 상단만 훑어보고 이탈하는 경우가 많기 때문이다.

하지만 배치 영역이 하단으로 내려간다고 하더라도 리뷰 이벤트는 빠질 수 없는 상세페이지 구성요소 중 하나다. 그렇다면 어떤 리뷰 이벤트가 고객으로 하여금 정말 리뷰를 쓰고 싶도록 만들어줄까.

배달 맛집 등에서 자주 사용하는 기법을 활용해 보자. 오프라인 맛집에서 배달 어플을 통해 주문을 받을 때, '리뷰 약속 시 서비스로 웨지 감자 하나 더 드려요'라는 식의 문구를 많이 사용한다. 아예 리뷰 약속 메뉴를 따로 옵션으로 등록해 두는 경우도 있다. 그만큼 온라인 시장에서는 리뷰의 개수가 압도적인 힘을 발휘한다는 이야기이기도 하다. 어쨌든 소비자 입장에서 리뷰에 따라오는 서비스가 너무 매력적이어서 본인이 직접 리뷰를 쓰겠다고 약속하고 서비스까지 받았다. 실제로 서비스치고는 퀄리티도 좋은 선물을 보니 리뷰를 쓰지 않을 수 없다. 선물까지 받아놓고 약속을 지키지 않으면 왠지 비윤리적인 사람이 된 것만 같다. 귀찮지만 어플을 켠다.

이와 같은 전략을 사용해 보자. 상세페이지 "배송 메모란에 '리뷰 작성'이라고 써주시면 선물을 함께 보내드려요"라는 멘트를 넣는다. 선물이 매력적이어야 함은 물론이다. 여기에 하나 더. '리뷰 작성 약속해 주셔서 고급 선물을 함께 보내드립니다. 좋은 리뷰 부탁드려요.'와 같은 작은 편지를 실제 선물과 함께 발송한다.

〈그림 2〉 리뷰 작성 이벤트

리뷰를 생성해 내는 업체를 고용했을 때 드는 비용을 산정해 보면 어느 정도의 선물을 내세워야 할지 감이 잡힌다. 스토어에서 리뷰는 생명이다. 리뷰수가 부족하면 고객은 아예 클릭조차 하지 않는 경우도 많다. 신상품을 런칭할 때 들어가는 필수 마케팅 비용으로 산정하고, 당장의 마진보다도 중요한 리뷰수를 더 많이 쌓을 수 있는 이벤트를 진행해 보자.

홈쇼핑에서 '매진 임박' 버튼이 깜빡거리면 굳이 필요했던 물건이 아닌데도 나도 모르게 마음이 급해지던 경험, 누구나 한번쯤 있을 것이다. 이처럼 구매를 망설일 때, 당장 구매 버튼을 누르지 않으면 왠지 모르게 손해를 입을 것 같은 구매 촉진 멘트들이 있다.

'일주일! 단 하루만 이 가격! 매진 임박!'과 같은 멘트는 고객으로 하여금 지금이 아니면 이 가격, 이 혜택을 받을 수 없을 것 같다는 조급한 마음을 부추긴다. 사실과 상관없이 마음이 급해진다. 구매 결정을 재촉한다. '100% 환불'이라는 멘트는 제품과 브랜드에 대한 신뢰도를 높여줌과 동시에 구매를 망설였던 심리적 장애물을 줄여 주는 효과가 있다. 커다랗게 이 멘트를 강조해 보자. 생각보다 실제 환불을 요구하는 고객이 많지는 않으니 너무 불안해하지는 않아도 좋다. 혜택을 제공받는 듯한 느낌으로 인한 구매전환율 상승효과를 기대해 볼 수 있다.

〈그림 3〉 구매를 재촉하는 이벤트

05

인트로

이제 본격적으로 상품 소개에 들어갈 차례. 다만 여기에서 인트로란, 상품 사진과 상품명이 커다랗게 나와 있는 상세페이지 템플릿 한 장의 이미지를 의미하지는 않는다. 고객의 필요와 욕망을 불러일으켜서 매력적인 이야기의 발단을 이끌어내는 모든 과정을 포함한다.

고객의 구미를 강력하게 끌어당길 수 있을 만큼의 매력적인 인트로의 중요성은 아무리 강조해도 지나치지 않다. 상단에서 고객의 흥미를 끌지 못한다면 고객은 더 이상 스크롤을 내리지 않는다. 리뷰 탭으로 넘어가서 리뷰 몇 개 살펴보고 바로 이탈한다. 뒤로 가기를 누르면 비슷비슷한 상품들이 워낙 많으니 굳이 매력적이지 않은 상세페이지에 시간을 소비할 필요가 없다. 이 상세페이지를 좀 더 꼼꼼히 살펴볼 만한 이유를 인트로에서 강력하게 각인시켜야 하는 이유다.

그렇다면 어떻게 고객의 흥미를 끌 수 있는 매력적인 인트로를 만들 수 있을까.

주의를 환기하고 고객의 관심을 고조시켜야 한다. 공감을 불러일으킬 만한 강력한 장치를 마련해야 한다. 먼저 이 제품과 키워드를 검색해서 유입된 고객이 원하는 바가 무엇인지 거꾸로 생각해 본다. 제품의 선별된 특장점들을 표현한 강력한 메시지와 이미지를 혜택이나 브랜드 스토리 등의 구성요소보다 상단에 배치하는 전략을 세울 수도 있다. 움짤이나 이미지, 카피도 효과적으로 활용해야 한다.

〈그림 1〉 일반적인 인트로 사진

💬 고객의 경험 상기시키기

〈그림 2〉 고객의 불편함 상기시키기

'고객 경험 상기시키기.' 제품 특장점 표현 등 상세페이지 전반에 걸쳐 유효한 방법이다. 인트로에서 먼저 언급해 줘도 좋다.

고객이 이 제품과 키워드를 검색해서 우리의 상세페이지까지 유입되도록 만든 불편함과 욕구를 고민해 보자. 제품이 일상의 불편함을 해소해 줄 수 있다는 움짤이나 이미지 한 장이 고객을 강력하게

끌어당길 수 있는 요소가 될 수 있다.

"이런 경험 있으신가요? 그래서 어렵게 데려왔습니다."

이와 같은 멘트로 고객의 불편했던 기억을 상기시킬 수 있다. 매일 겪는 불편함이더라도 고객은 그 상황을 빠르게 기억해 내지 못한다. 이 물건이 왜 필요했는지, 이 물건이 없으면 어떤 불편을 겪게 되는지를 정확히 이야기해 주고 이미지화해서 제시해야 한다. 그래야만 머릿속에서 최대한 빠르게 그 기억을 꺼내 올 수 있다.

뇌 과학전문가에 따르면, 뇌는 특정 감정을 느꼈던 상황에 대해 보다 더 오래 기억을 간직한다고 한다. 상황과 함께 그 당시 느꼈을 불편한 감

정을 상기시켜 준 후에, "이런 불편을 겪지 않으시려면 이 물건이 반드시 필요합니다"와 같은 방식으로 이야기를 자연스럽게 이끌어낼 수 있다.

✿ 고객의 욕망 상기시키기

고객이 이 제품을 사용함으로써 기대할 수 있는 욕망을 충족시켜 줄 수 있는 매력적인 이미지와 문구로 관심을 환기시키는 방법이다. 식품이라면 맛있게 완성되어 보글보글 끓어오르는 찌개 움짤 한 장으로 고객의 구매 욕구를 불러일으킬 수 있다. 천 마디 말보다 구미를 당기는 움짤 한 장이 훨씬 더 효과적인 인트로 역할을 할 수도 있다.

〈그림 3〉 이미지로 욕망 상기시키기

이 제품을 사용했을 때 누릴 수 있는 특별한 상황. 나도 한번쯤 저런 상황에 놓이고 싶다고 느껴질 수 있을 만한 매력적인 사진과 움짤 한 장으로 인해 고객은 상세페이지를 좀 더 읽어 내려갈 의향이 생긴다.

✿ 공포 감정 불러일으키기

이 제품을 사용하지 않았을 경우 생길 수 있는 각종 위험 상황들을 이미지화해서 보여준다. 통상적으로 신문기사나 뉴스 등을 활용하는 경우가 많다. 건강이나 비용상에 생길 수 있는 문제들을 보여주는 것만으로 숨겨져 있던 니즈가 떠오르면서 이 제품을 빨리 사지 않으면 건강과 가정 경제에 문제가 생길 수 있다는 공포감이 생겨난다. 구매 욕구 상승에 속도가 붙는다.

〈그림 4〉 공포 감정 불러일으키기

☆ 생각 뒤집기

일반적으로 제품에 대해 가지고 있는 생각들을 뒤집는 질문을 던지는 방식이다. '김치찌개는 집에서 끓이면 되지 않나요?'와 같은 일반적인 상식을 바탕으로 질문을 한 뒤, 우리 제품은 특별한 재료를 사용해서 특별한 방식으로 제조했기 때문에 집에서는 절대로 구현할 수 없는 깊은 맛을 낸다와 같은 방식으로 일반적인 상식을 뒤집으면서 자연스럽게 제품의 특장점도 함께 내보이며 이야기를 전개할 수 있다.

⭐ 제품의 특장점부터 강조하기

제품의 특징적인 기능이 너무나 강력할 때에는 기능을 보여주는 임팩트 있는 사진이나 움짤 한 장으로 시작하는 것이 더 효과적일 수 있다. 디자인이 가장 큰 장점인 제품의 경우에도 역시, 매력적인 디자인 이미지를 상단에 배치해 강조한다. 제품 사용 전후 극명한 변화가 있다면 이 또한 그 사진이나 움짤을 최상단에 삽입해서 고객의 눈길을 사로잡을 수 있다.

제품에 대한 니즈가 있는 고객을 끌어당길 수 있을 만한 강력한 이미지와 멘트, 그리고 움짤. 고객을 우리 페이지에 머무르도록 만드는 후킹 요소들을 상단에 배치하고 그것으로부터 제품 소개를 자연스럽게 이끌어내는 것이 포인트다.

⭐ 그리고 인트로 이미지 한 장

앞서 제품 소개에 대한 인트로 사진과 멘트 등이 충분히 잘 전개되었다면 이 이미지 한 장조차도 크게 중요하지 않을 수 있다. 하지만 제품을 가장 잘 표현할 수 있는 사진과 제품명이 들어간 이미지 한 장으로 이야기의 시작을 알리는 것은 여전히 가장 무난하고 깔끔한 방식이다. 이제 우리는 본격적으로 이 제품에 대해 소개를 시작하겠다는 뜻이다.

〈그림 5〉 인트로 이미지

06

☆ ☆ ☆ ☆ ☆

베스트 리뷰

한국소비자연맹 조사에 따르면, 온라인 구매 고객의 97.2%가 이용 후기를 확인한다고 응답했다. 이용 후기 누적수가 선택에 미치는 영향은 82.4%나 되고, 이용 후기가 없거나 부정적일 때 대체로 구매하지 않는다는 응답은 각각 72.4%, 96.7%나 된다. 온라인 소비자의 절대 다수가 인터넷 후기를 반드시 확인하고, 그것에 따라 구매를 결정한다는 사실이다.

이용 후기 확인 비율

확인 안함 2.8%

확인함
97.2%

이용 후기 확인 이유(중복응답)

구매 후 불만족 줄이기 위해　82.3%
다른 사람의 평가가 궁금해서　78.6%
가능한 많은 정보를 얻기 위해서　70.4%
객관적인 정보를 얻기 위해서　64.8%
사업자가 제공하는 정보가 부족해서　21.9%
그냥 확인하는 것이 습관이어서　14.7%

이용 후기 신뢰도

확인 안함 2.6%

보통
27.2%

신뢰함
70.2%

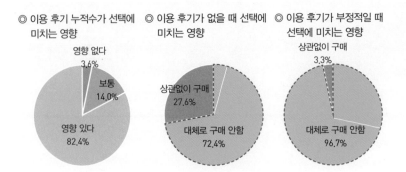

◎ 이용 후기 누적수가 선택에 미치는 영향
영향 없다 3.6%
보통 14.0%
영향 있다 82.4%

◎ 이용 후기가 없을 때 선택에 미치는 영향
상관없이 구매 27.6%
대체로 구매 안함 72.4%

◎ 이용 후기가 부정적일 때 선택에 미치는 영향
상관없이 구매 3.3%
대체로 구매 안함 96.7%

〈그림 1〉 이용 후기가 구매에 미치는 영향, 한국소비자연맹

그렇기에 판매자는 양질의 후기를 쌓기 위해 필사의 노력을 다해야만 한다. 리뷰 이벤트와 각종 혜택을 통해 어떻게 해서든 후기를 이끌어 내야만 한다. 광고 역시 후기를 어느 정도 쌓아 놓은 후에 집행하는 것이 맞다. 광고비를 높이 책정해서 수많은 고객에게 노출된다 해도 후기가 없거나 적은 상세페이지에는 고객이 유입되기도 쉽지 않고, 설령 유입되더라도 쉽게 지갑을 열지 않는다. 온라인 판매의 기본인 신뢰도가 후기의 양과 내용에서 결정된다고 생각하는 고객이 많기 때문이다.

상세페이지 안에 베스트 리뷰를 녹여 내는 이미지 작업 역시 굉장히 중요하다. 상품을 런칭하기 전 인플루언서나 체험단에 제품을 제공하고 양질의 후기를 최대한 많이 확보하려는 노력이 필요하다. SNS 공동구매를 진행해서 양질의 후기를 모아 두는 것도 방법이다. 협찬 리뷰를 쌓기 어렵다면 직원이나 지인의 리뷰라도 받는다. 그리고 그를 바탕으로 베스트 후기 리뷰 이미지를 제작한다. 이렇듯 어떠한 형태라도 리뷰 이미지는 반드시 상세페이지에 포함되어야만 하는 주요 요소다. 리뷰 이미지를 다양하게 제작해서 상세페이지가 지루해질 무렵 하나씩 삽입해 주는 것도 체류시간을 높이고 고객의 관심을 지속시키는데 효과적인 방법이다.

노출 상위업체의 리뷰는 상세페이지를 제작하는 데 있어 가장 주요하게 참고해야 하는 텍스트 중 하나다. 협찬 리뷰를 받을 때에도 이를 활용한 전략이 필요하다. 같은 제품이나 카테고리의 경쟁 상대 혹은 벤치마킹 상대의 리뷰에서 평점 낮은 순 후기를 공략한다. 대부분 소비자의 니즈와 불만이 거기에 다 숨겨져 있다. 우리가 후발주자라고 가정했을 때, 꼼꼼한 소비자들은 다른 제품을 이미 살펴보고 우리 페이지에 유입되었을 가능성이 높다. 상위노출이 되었다고 해도 소비자들은 보통 몇 개의 다른 제품들을 더 비교해 보고 구매를 결정한다.

제품 비교를 할 때 가장 면밀히 살펴보는 부분 역시 리뷰다. 기본적으로 의심이 많을 수밖에 없는 온라인 소비자는, 상세페이지에서는 스크롤을 몇 번 내리지 않더라도, 리뷰는 몇 페이지를 넘겨서 읽을 가능성이 많다. 평점 낮은 순 리뷰도 꼼꼼히 살펴본 후, 제품을 구매했을 때 감내할 수 있을 정도의 단점인지를 판단한 후 구매를 결정한다.

그렇다면 우리도 같이 경쟁 제품의 리뷰부터 꼼꼼히 살펴봐야 한다. 리뷰에서 언급되는 안 좋은 평들, 불만들을 우리 제품의 장점으로 녹여낼 수 있는지 살핀다. 가능하다면 적극 활용한다. 예를 들어 경쟁제품의 리뷰 중에 제품 마감이 좋지 않다는 평이 많다면, 우리 제품은 마감이 훌륭하다는 협찬 리뷰를 상세페이지 상단에 배치한다. 다른 제품의 상세페이지와 리뷰를 살펴보고 온 고객이 구매를 망설이고 마침내 우리 페이지에 유입됐을 법한 바로 그 지점을 공략하는 것이다.

한번 사용해 보신 분들은
계속 사용하게 되는 **비누생활**

거품이 잘 나고
순해서 계속해서 사용하고 있어요.
향기도 너무 좋아요.

디자인이 예뻐서 욕실에 그냥 둬도 예쁘고요,
성분도 너무 좋아서
계속 재구매하면서 사용하고 있어요.

아기한테 사용해도 좋은 순한 성분이라고 해서
온 가족이 함께 쓰고 있는데,
어른인 제가 써도 보습력이 뛰어나고 너무 좋더라고요.
귀찮게 이것저것 쓰지 말고 이제 이것만 쓰려고요.

〈그림 2〉 후기 이미지 예시

 키워드를 검색한 소비자의 니즈 읽기

또 하나의 전략은 우리가 공략하는 키워드를 검색한 소비자의 니즈를
공략하는 방법이다. 우리 제품을 지칭하는 수많은 키워드 중에서 하필
그 키워드를 검색한 고객은 어떠한 필요에 의해 이 제품을 구매하려는
것일까.

예를 들어 캠핑 밀키트가 우리가 공략하려는 키워드라면 캠핑장에서
먹기에 간편하고 분위기에도 잘 어울린다는 식의 스토리와 이미지가 구

매 결정에 주요한 영향을 미칠 수 있다. 그에 걸맞는 이미지를 제공함과 동시에 실제로 캠핑을 즐기는 사람들의 후기를 상단에 배치한다면 구매 결정에 결정적인 영향을 미칠 수 있다. 협찬을 제공할 때에도 이왕이면 관련 분야 인플루언서를 공략한다면 금상첨화일 것.

 베스트 리뷰 표현 방법

이처럼 리뷰 쌓기와 베스트 리뷰 표현하기는 상세페이지에 있어서 가장 중요한 영역 중의 하나다. 그렇다면 더 효과적으로 고객과 판매자의 입맛에 딱 맞는 리뷰를 표현할 수 있는 방법은 무엇일까.

🗨 리뷰어의 직접 등장

협찬 리뷰의 경우 제공받은 사람의 얼굴을 이미지에 사용해도 되는지 여부를 미리 확인한 후 작업한다. 얼굴 이미지 제공을 처음부터 협찬 조건에 넣을 수도 있다. 제품을 사용한 사람의 얼굴이 등장한다면 설령 협찬 리뷰라 할지라도 보다 더 신뢰가 간다. 사람의 얼굴이 등장했을 때 시선이 집중되는 효과도 기대할 수 있다.

후기는 상세페이지에서 신뢰감을 담당하는 가장 주요한 부분 중의 하나이므로 가장 시선이 집중될 수 있는 방법을 연구해야 한다. 협찬을 통한 리뷰라면 하단에 협찬 사실을 언급해 주는 것도 잊지 말자.

〈그림 3〉 리뷰어가 등장한 후기 이미지

💬 핵심 특장점 중심으로 질문하고 답하기

해당 제품과 카테고리를 이용하는 고객들이 중요시하는 부분이나 우리 제품만의 핵심 특장점이 있다면 그것을 리뷰어에게 직접 묻고 답하는 방식으로 리뷰를 전개할 수도 있다. 우리의 특장점이 더욱더 부각되는 효과를 기대할 수 있다.

〈그림 4〉 특장점을 리뷰로 표현하기

💬 채팅창 그대로 보여주기

채팅창에서의 제품 리얼 리뷰를 캡처하는 방식이다. 실제로 오간 고객과의 대화를 가감 없이 보여줌으로써 제품에 대한 긍정적 인식이 강화된다. 고객의 진짜 속마음을 드러내는 듯한 이미지로 제품의 신뢰도가 올라가는 효과를 기대할 수 있다.

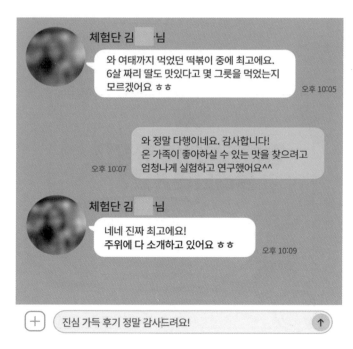

〈그림 5〉 채팅창 리뷰

☑ SNS 기대효과 부각하기

SNS상에서 먼저 고객에게 제품을 선보이고 이에 대한 기대평들을 모아 하나의 이미지로 만든다. 제품에 대해 달린 많은 댓글들을 보여주면서 제품이 SNS에서는 이미 대세 제품이라는 것을 강조한다. 해당 제품의 해시태그가 많은 경우, 해시태그 게시물 숫자를 보여줄 수도 있고, 게시물의 좋아요 숫자를 보여줄 수도 있다.

많은 양의 협찬 리뷰가 아니더라도 SNS상의 소통 내용들만 가지고도 SNS 대세 느낌을 충분히 강조할 수 있다.

〈그림 6〉 SNS 기대효과 부각

07

상품 특장점
(차별화)

결국 우리는 이 이야기를 하고 싶어서 상세페이지를 이토록 열심히 작성하고 있는지도 모른다.

"이렇게 좋은 점들이 많은 제품이에요. 이제 그만 구매버튼을 눌러주세요!"

하지만 노골적으로 계속해서 제품의 특장점만 늘어놓을 수는 없는 일이다. 자칫 고객의 응답 없이 판매자의 공허한 외침으로 끝날 수도 있다. 제품 특징만 건조하게 나열해 놓는 브로셔 같은 느낌으로는 구매를 기대하기 어렵다. 사람들은 설명보다 스토리에 반응한다. 은근하고 매력적인 스토리로 제품의 특장점을 어필해 보자.

앞서 다뤘던 내 제품의 특장점 파악하는 방법들을 통해 가장 강조해야 할 주제 특장점과 주제 메시지를 정했다면, 그것을 반복 강조하면서 다른 특장점들도 자연스럽고 흥미롭게 풀어낼 수 있어야 한다.

'챕터 3 내 제품을 알아야 팔린다'에서 제시했던 제품의 특장점 파악하는 방식들을 이용해서 특장점 중에서도 가장 핵심이 되는 주제 메시지를 선별했다면, 이제는 효과적으로 표현해야 한다. 제품의 특장점과 차별성을 표현하는 방법은 굉장히 다양하다. 이 중에서 어떠한 방식을 취해서 어떻게 우리 제품을 부각시킬 것인지 선택하는 것은 제작자의 몫이다.

우선 고객의 인식 속에 특장점이 강렬히 각인될 수 있도록 효과적인 이미지와 움짤을 활용하고, 멘트를 계속해서 반복하고 강조해야 한다. 온라인 고객은 언제나 이탈이 용이하다. 그렇기 때문에 '마케팅 불변의 법칙(알 리스, 잭 트라우트)' 중 인식의 법칙이 더욱더 중요하게 작용한다. 우리 페이지를 이탈해서 다른 제품과 비교하더라도 결국에 고객의 뇌리에 남을 단 하나의 제품이 될 수 있도록 효과적인 이미지를 활용해서 강력한 메시지를 반복 강조해야 한다.

하지만 메시지를 주입만 해서는 아무 소용이 없다. 오히려 거부감만 생길 수도 있다. 현대인이 매일 받아들이는 정보량은 어마어마하다. 제프 호킨스의 책 '생각하는 뇌'에 따르면 일하는 시간을 빼고 여가시간만 따져도 우리는 이미 각자 매일 34기가 바이트, 즉 10만 단어에 해당하는 정보를 처리하고 있다. 고객에게 또 다른 정보를 주입하기 위해 애쓰지 말자. 우리의 목표는 고객을 설득해서 판매로 이끄는 것이다. 마음이 움직일 만한 다양한 표현 방법과 스토리텔링을 통해 우리의 메시지를 반복하고 강조해야 한다.

"사람들은 what이 아니라 why로 인해 구매를 결정한다.
why 정서적인 요인에서 출발한다.

이성적인 요인은 구매 결정을
말로 표현하거나 합리화하는데 도움을 줄 뿐."
−Start with why, 사이먼시넥

　팩트와 사실 전달보다 그 이야기가 어떻게 하면 고객의 '정서적인' 부분을 자극할 것인지를 연구하자. 구매가 결정의 주요한 포인트다.

제품 특장점 표현 방법

☆ 공감 불러일으키기

고객이 가장 몰입할 수 있는 포인트 중 하나, 공감 불러일으키기이다. 판매에 있어 공감의 요소는 아무리 강조해도 지나치지 않다. 타깃을 좁고 뾰족하게 설정하고 그 타깃이 제품과 관련해서 평소에 느꼈을 법한 상황을 실감나게 표현한다. 제품이 필요해서 키워드를 통해 상세페이지에 유입된 고객이라고 해서 이 제품이 필요했던 모든 상황이 다 떠오르는 것은 아니다.

　혹은 특별히 필요하지도 않은데, 썸네일이나 배송비 혜택 등에 이끌려 상세페이지에 유입됐을 가능성도 있다. 그렇더라도 일상생활에서 누구나 경험했을 법한 디테일한 공감 스토리를 풀어준다면 '다름 아닌 내 이야기'라는 생각에 몰입이 쉬워진다. 하나하나 기억 속에서 불편사항을 끌어내서 친절하게 표현해 줄수록 좋다. 노골적이거나 다소 자극적이어도 괜찮다. 제품 판매에 있어서 가장 중요한 이야기를 할 차례이기 때문에 온 힘을 다해 고객의 이목을 집중시켜야 한다.

"이런 문제/고민이 있으셨나요? 00년 전통의 우리 브랜드에서 그 고민 해결해 드리겠습니다"와 같이 고객의 어려움을 공감하고 고민을 해결해 주는 스토리를 전개하는 방법도 많이 사용된다. 우리 제품을 찾는 고객에게 어떤 문제와 고민이 있을까를 면밀히 살펴야 한다. 역시 온라인상에 모든 답이 나와 있다. 제품 키워드를 온라인 검색창에 넣어보면, 블로그나 카페 등 일상생활에서 고객이 겪었던 문제점들이 고스란히 드러난다.

〈그림 1〉 욕실발매트 VIEW탭 카페 검색

"욕실에서 나오다가 발매트가 밀려서 넘어질 뻔했어요. 안 밀리고 부드러운 발매트 있으면 추천해 주세요"와 같은 생활 밀착형 고민들이 온라인상에 넘쳐난다. 혹여나 카페 블로그 마케팅으로 게재된 글이라면 마케팅 전략을 배운다는 생각으로 접근할 수도 있다. 그중 실제로 문제를 겪고 그 문제를 해결하기 위한 제품 추천을 원하는 유형을 잘 선별해 보고 이러한 경우는 공감형 문구로써 상세페이지에 적극 활용한다.

공감을 불러일으켜서 고객의 관심이 고조됐다면, 이제 객관적인 증거를 통해 특장점을 제시할 차례다. "얼룩의 근본적인 원인을 제거해서 5초 만에 얼룩이 지워지는 세척제"와 같은 한마디의 특장점을 발굴하고, 그것이 가능한 이유, 적합한 증거를 내세운다. 고객이 불편을 느꼈던 바로 그 지점을 해결해 줄 수 있는 제품이 바로 우리 제품이라는 점과 과학적이고 객관적인 근거를 부각하는 내용을 이미지화해서 제시한다.

〈그림 2〉 공감을 불러일으킨 후, 제품의 효과를 바로
보여주는 움짤이 나온다면 더 효과적이다.

☼ 전/후 비교

제품을 사용하기 전과 후를 극명하게 비교해서 보여준다. 이 제품을 사용하기 전에 겪었을 법한 여러 불편함들을 이미지화해서 보여주고, 이 제품을 사용한다면 이렇게 삶이 업그레이드된다는 점을 강조해서 보여준다. 뷰티제품에서 가장 많이 쓰이는 방법이기도 하다. 전후 사진을 양옆에 두고 비교해도 좋고, 움짤을 이용해 전후 사진을 바꿔 가며 보여줘도 좋다. BEFORE/AFTER 사진이 보다 더 극단적이고 극명한 변화를 보여주는 이미지일수록 효과가 좋다.

〈그림 3〉 사용 전후 비교

☆ 가장 업그레이드된 형태 강조하기

〈그림 4〉 세대 나누기

타제품과의 비교를 통해 자사 제품을 부각시킬 수 있다면 가장 효과적으로 제품의 특장점을 표현할 수 있다. 하지만 타사의 제품을 그대로 가져다 비교하는 행위는, 자칫 분쟁을 일으킬 소지도 있고, 소비자로 하여금 윤리적이지 못한 브랜드라는 부정적 이미지를 심어줄 수도 있기 때문에 조심해야 한다.

이럴 때 논란을 살짝 빗겨가면서 타사 제품과 우리 제품을 비교하고 우리 제품을 가장 업그레이드된 형태로써 부각할 수 있는 방법이 있다. 다름 아닌 '세대 나누기.' 제품 특장점 중에서 특히 차별화된 기술과 디자인 등을 강조하기에 용이하다. 두루뭉술하게 다른 제품들을 이전 세대 제품으로 소개하고, 우리의 제품이 여러 단계의 개선을 거쳐 가장 발전된 형태의 최신 버전이라고 소개하는 방법이다. 소비자는 이전 세대의 기술을 보유하고 있는 타사 제품보다 최신 기술을 갖고 있는 자사 제품을 더욱더 선호하는 경우가 더 많다.

☆ 전문가의 조언

제품 전문가의 조언을 활용하면, 자사 제품을 소개하면서 고객에게 전문적인 정보를 제공하는 것처럼 보이는 효과가 있다. 여기서 전문가란 자사의 제작자나 판매자여도 크게 상관이 없다. 자연스럽게 자사 제품을 부각하는 효과도 있다. 이 분야의 전문가들만 알 수 있는 제품 구매시 유의해야 할 체크 포인트와 같은 이미지를 제작해서 상세페이지에 제시한다. '다른 곳에서 구매하시더라도 이 부분만은 꼭 체크해 보세요'라는 식의 멘트도 함께 넣어준다. 그 제품군을 잘 아는 친근한 지인과 같은 느낌도 기대할 수 있다. 그러면서 결국 그 모든 요건을 충족시키는 제품은 우리 제품이라는 점을 자연스럽게 부각한다.

예를 들어 의자를 구매할 때 어떠한 부분을 중점적으로 체크하고 구매해야 하는지에 대한 정보를 제공한다. 의자라면 높낮이 조절이 되는지, 헤드레스트 조절이 되는지, 기울기 조절이 되는지, 바퀴가 안정적인지 등을 꼭 체크하고 구매하도록 권유한다. 그러면서 자사 제품은 그 모든 조건을 충족한다는 점을 과학적인 근거를 들어 제시한다.

🗨 과학적 증거

제품의 특장점을 내세웠다면 그에 대한 과학적인 증거가 반드시 필요하다. 가끔 어려운 전문 용어를 써도 좋다. 다만 고객이 알아듣기 쉽게 다시 풀어서 설명해 줘야 한다. 정확한 수치를 제시하는 것도 효과적인 전략이다. 알아듣기는 쉽지 않더라도 그런 전문적인 기술과 성분이 들어 있는 제품이라면 믿음이 간다. 제품 연구, 제작 과정이나 과학적인 실험을 하는 장면을 보여주는 것도 효과적이다.

소음이 적다는 것을 보여주기 위해 소음측정 어플을 활용해 수치를 측정하거나, 과일의 당도를 증명하기 위해 브릭스를 측정하는 장면이 삽입되는 것도 좋다. 판매자가 계속해서 제품이 '조용하다' '달고 맛있다'라고 강조하는 것보다 실질적인 과학적 증거를 내세움으로써 한층 더 제품에 대한 믿음이 생긴다. 고객이 오프라인상에서 직접 경험해 보고 구입하지 못하는 데에서 오는 근본적인 불신을 해결해 줄 수 있는 다양한 장치를 연구해 보자.

온라인 고객들은 대부분 우리 제품과 브랜드를 처음 본 고객이라는 점. 때문에 우리를 신뢰할 수 있도록 다양한 증거를 내세워야 한다는 점을 항상 유념하고 접근해야 한다.

〈그림 5〉 과일 당도 측정하는 이미지

☆ 수치 표현

메시지는 구체적이고 디테일할수록 좋다. 특히 정확한 수치 표현은 많으면 많을수록 신뢰감을 높인다. 어쩌면 별것 아닌 것 같은 제작 공정이나 과정일지라도 그것을 수치화하고 디테일하게 표현해 주면 그 또한 특별해진다. '제작에 들어갔던 총 시간 0000시간, 제품 개발을 위한 실험 000회'와 같은 방식으로 끝자리까지 디테일하게 계산해서 수치로 보여주면 고객은 제품과 브랜드에 보다 더 큰 믿음을 가지게 된다.

☆ 직관적 퍼포먼스

제품의 특징을 보여줄 때에는 직관적인 사진이나 이미지 퍼포먼스가 들어가는 것이 좋다. 한눈에 특징을 알아볼 수 있도록, 한 장면에 집약해서 보여줄 수 있는 단 하나의 이미지를 고심하자. 약간은 자극적이어도

〈그림 6〉 직관적인 퍼포먼스 이미지를 활용하면 제품의 특징이 보다 더 감각적으로 와 닿을 수 있다.

괜찮다. 움짤로 표현되면 시선이 더욱 집중되는 효과가 있으니 활용해도 좋다. 제품의 견고함을 보여주기 위해서 무거운 생수병을 여러 개를 놓거나, 건장한 성인 남자 몇 명이 제품에 올라가거나 매달리는 등의 퍼포먼스도 많이 활용된다. 제품이 이만큼 튼튼하다고 백 번 이야기하는 것보다는 한 장의 퍼포먼스 이미지가 더 크게 와 닿을 수 있다.

08

제품정보
(상품정보 제공고시)

아무리 고객의 구매 의사가 정서적인 부분에서 많은 부분 결정된다고 해도 객관적인 요소가 조건에 맞지 않는다면 구매 결정을 내리기 어렵다. 또한 정확하지 않은 제품정보는 반품과 교환 등 불필요한 후 작업들을 불러올 수 있다.

제품 특장점 부분에서 우리가 고객에게 소구하고 싶은 포인트를 마음껏 표현했다면, 이제 상품정보고시 부분에서 고객에게 정확하고 객관적인 사실을 전달해 줄 차례다. 실제로 오프라인 매장에서 물건을 만져도 보고 사용도 해보면서 구매 결정을 하지 못하기 때문에 생길 수 있는 궁금증들을 꼼꼼히 해결해 준다.

사실 이 부분은 스마트스토어 상품등록 시, 상품정보 제공고시 부분에 입력해 주는 부분과 일치하는 경우가 많다. 하지만 한 번 더 상세페이지상에서 고객이 알기 쉽게 이미지로도 제공해 주는 것이 좋다. 하나의 이미지에 제품에 대한 객관적인 정보를 모아서 보여준다. 대체로 브랜드/모델명/사이즈/용량/컬러/소재/수량/제조일자/유통기한/성분 등의 정보가 포함된다.

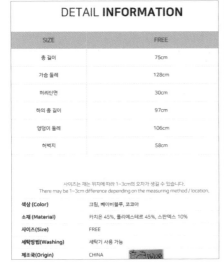

<〈그림 1〉 스마트스토어 자체 상품정보 제공고시와 상세페이지 이미지

 알아보기 쉬운 이미지로 제공

상품정보 제공고시에 작성된 내용은 제품 구매를 결정하는 데 있어서 가장 중요한 정보 중의 하나이기 때문에, 고객이 쉽게 알아볼 수 있도록 객관적인 정보를 제공한다. 하지만 경우에 따라 고객의 선택을 도울 수 있도록 추가 이미지와 정보를 제공하기도 한다. 사이즈를 수치로만 표기했을 때 한눈에 알기 어려운 경우, 주변에서 흔히 볼 수 있는 물품으로 사이즈를 비교해 주는 등의 경우가 그것이다.

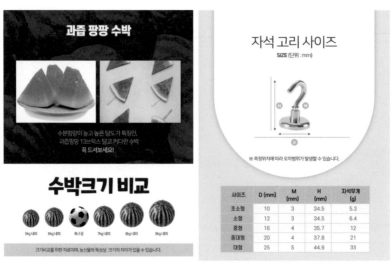

<그림 2> 사이즈가 중요한 경우 알기 쉽게 따로 이미지를 만들어 고객 혼란을 줄이도록 한다.

<그림 3> 보정 없는 이미지 컷

또한 실제 색감이 모니터와 빛, 보정 상황 등에 따라 다르게 느껴질 수 있기 때문에 스마트폰으로 찍고 보정하지 않은 사진을 그대로 제공하기도 한다. 디테일 컷을 제공함으로써 실제로 물건을 받아봤을 때 모니터와 다른 느낌 때문에 실망하고 교환, 환불을 요청하는 상황을 방지할 수도 있다.

정확한 정보제공 또한 브랜드 신뢰도를 높일 수 있는 중요한 수단 중의 하나다. 지금 당장 물건을 하나 더 팔지는 못하더라도 장기적으로는 브랜드에 대한 고객의 긍정적인 인식을 심어줄 수 있다.

09

옵션,
세트상품

제품의 옵션을 한눈에 보기 쉽도록 이미지화해서 보여준다. 옵션 구성은 제품 기획과 등록에 있어 굉장히 중요한 부분이다. 옵션을 어떻게 구성하느냐에 따라 제품의 객단가와 마진율을 높일 수 있다. 옵션으로 가격을 흐림으로써 다른 제품과의 가격 경쟁에서 조금은 자유로워질 수 있다.

옵션이 복잡하고 구성품이 많을수록 단순화해서 고객이 알아보기 쉽도록 이미지를 제공해야 한다. 내가 찾는 옵션을 쉽게 찾지 못하는 것 자체가 구매 결정의 장애물이 될 수 있다. 고객에게 쇼핑이 스트레스와 노동 행위가 되지 않도록 옵션을 보기 좋게 정리해서 고객의 구매 결정에 도움을 줄 수 있어야 한다.

세트상품 역시 그 안에 어떠한 제품이 포함되어 있는지 하나의 이미지에 묶어 먼저 보여주는 것이 좋다. 예를 들어 친환경 패키지의 경우 옵션 1에 친환경수세미, 대나무칫솔, 생분해 면봉 등이 포함되어 있고, 옵션 2에는 친환경수세미, 대나무칫솔, 설거지바가 포함되어 있다면, 그 사실을 이미지화해서 보여준다. 그리고 각각의 옵션에서 어떤 점들이 달라졌는지를 친절하게 비교해서 보여준다. 고객 입장에서 세트상품에서는 더욱더 인지상의 혼란이 가중될 수 있다.

헷갈리지 않도록 이미지로 표현해서 보여주자. 고객의 혼란은 곧 불필요한 CS로 이어질 수 있다. 가능한 친절한 판매자가 되어야 한다.

〈그림 1〉 옵션 이미지

옵션이 너무 많고 복잡한 경우, 상세페이지가 지나치게 길어질 가능성이 있다. 고객의 입장에서는 본인이 원하는 제품 이미지와 설명을 찾는 데에 너무 오랜 시간과 에너지가 소요될 수 있다. 복잡한 옵션 설명 속을 헤매다가 이탈하는 고객도 많다.

이럴 때에는 옵션을 간단하게 하나의 이미지로 모아서 보여준 후, 각각의 옵션 이미지에 링크를 걸어주는 방식을 사용할 수도 있다. '사진을 클릭하시면 더 자세한 사진 확인하실 수 있어요'와 같은 멘트를 덧붙여 준다.

옵션 이미지에 링크 설정하는 방법은,

01 상품등록 시 상세 설명 부분에서 옵션 이미지를 업로드한 후, 사진을 클릭하고 상단 메뉴의 링크 버튼을 누른다.

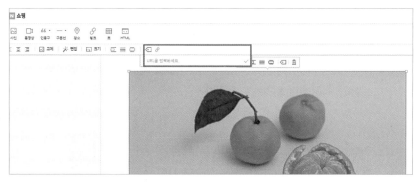

〈그림 2〉 링크 삽입하기

02 거기에 제품 상세이미지가 업로드되어 있는 사이트 URL을 입력하면, 이미지 하단에 링크 버튼이 생기면서 상세페이지에서 해당 이미지를 클릭했을 때 입력해 두었던 URL 주소로 이동하게 된다. 그리고 그 URL 주소에 상세 이미지를 저장해 두었다면 그 이미지가 노출된다.

〈그림 3〉 링크 삽입 표시

이때 해당 URL이 상품 페이지라면 그 주소를 링크에 입력하면 되지만, 상품 페이지 없이 이미지만 보이는 사이트를 링크로 연결할 수도 있다. 링크로 연결할 수 있는 이미지의 URL이 필요한데

간편하게 이미지 URL을 저장할 수 있는 방법은,

01 먼저 본인의 네이버 modoo 홈페이지나 블로그에 해당 상세이미지를 업로드한다. 비공개로 처리해도 괜찮다.

02 이후 해당 사진을 우클릭하면 '이미지 주소 복사' 버튼이 나온다. 이 버튼을 누르면 사진의 URL이 복사된다. 이제 아까 링크 부분에 붙여넣기만 하면 사진의 URL이 입력되는 것을 확인할 수 있다.

〈그림 4〉 이미지 주소 복사

03 그러면 사진에 표시된 링크를 클릭했을 때, 입력했던 이미지 자체 URL 주소로 연결된다.

〈그림 5〉 이미지 URL로 연결된 모습

10

연관상품,
연관상품 링크

이 제품과 함께 구매하면 좋을 제품들을 소개하고 링크를 걸어 둔다. 판매자 입장에서 고객이 한 번에 여러 제품을 구매하면 제품의 단가를 높일 수 있어 좋다. 소비자 입장에서는 관련 제품을 한꺼번에 구매함으로써 배송비도 절약할 수 있고 여러 스토어를 돌아다니며 쇼핑을 하는 시간과 노력을 줄일 수 있어 좋다. 판매자 소비자 모두에게 좋은 전략이므로 적극 활용하도록 하자.

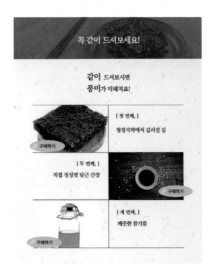

〈그림 1〉 연관상품

연관상품 링크 연결하는 방법은,

상품등록 시, 상세설명 화면에서 사진을 클릭한 상태에서 링크 아이콘
버튼 ℘을 누르고 URL을 입력해 주면 된다.

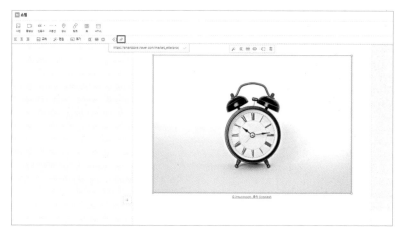

〈그림 2〉 연관상품 링크 연결하는 법

특히나 묶음배송이 가능한 경우 상품등록 시 묶음배송으로 지정하면
함께 구매하고 배송비를 절약하라는 메뉴가 상세페이지 하단에 노출된
다. 고객의 추가 구매를 기대할 수 있다.

〈그림 3〉 배송비 절약 메뉴

묶음배송 그룹 지정하는 방법은,

스마트스토어 '상품관리' 메뉴에서 '배송정보 관리'를 선택한 후, '묶음그룹 추가'로 그룹을 만들어 지정할 수 있다.

〈그림 4〉 묶음그룹 추가

이후 상품등록 시, '배송' 탭에서 묶음배송〉배송비 묶음 그룹 선택을 눌러 지정한다.

〈그림 5〉 배송비 묶음 그룹 선택

11

성분, 구성품

성분과 구성품은 상품정보 제공고시에서 정보제공 차원에서 제공되는 사실 외에 제품을 구성하고 있는 요소와 성분들을 보다 더 구체적으로 설명해 주는 부분이다. 이 부분 역시 때로는 제품에 대한 단순한 정보제공이 될 수 있지만, 어떻게 표현하느냐에 따라서 성분과 구성품 자체를 제품의 특장점화해서 강조할 수 있다.

예를 들어 식품의 경우, 유기농 재료나 엄격히 선별한 재료들로만 만든다는 사실을 명기함으로써 그 자체를 제품의 장점화할 수 있다. 밀키트의 경우에는 재료의 구성과 재료의 신선도 부분이 가장 중요한 요소중 하나다. 재료 하나하나 꼼꼼히 따지고 선별해서 만들었다는 과정을 이미지로 만들어 표현하면 그 자체만으로도 제품의 특장점으로 부각시킬 수 있다.

화장품 종류에서는 특히나 성분이 주요한 요소가 될 수 있다. 어떤 성분이 포함되어 있는지 상세히 알려주고 그 성분이 하나하나 어떠한 부분에 도움을 줄 수 있는지 자세히 기술한다. 작은 성분에도 꼼꼼히 신경 쓴 화장품이라는 사실에서 소비자는 더 큰 매력을 느끼게 된다.

〈그림 1〉 식품 및 화장품 성분 재료

공산품이나 가전제품의 경우 그 제품을 구성하고 있는 각기 요소들을 하나하나 해체해서 보여줄 수 있다. 추후 제품을 조립하거나 제품에 하자가 없는지 확인할 때에 상세페이지를 확인하는 소비자도 많으므로 상세페이지상에서 상세하게 설명해 주는 것이 좋다. 또한 공산품의 경우 제품에서 유해물질이 검출되지 않았다는 등의 사실을 실험이미지를 통해 보여줌으로써 제품에 대한 신뢰도를 높여 줄 수도 있다.

〈그림 2〉 구성품 설명

12

누가 고객인가 (추천대상)

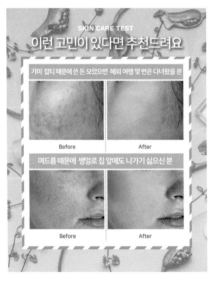

〈그림 1〉 피부 고민 추천대상

앞서 진행했던 타깃 선정 과정을 통해 타깃을 좁고 깊게 선별했다면, 이제 그를 대상으로 이야기를 풀어나갈 차례. 타깃에 대고 직접 설득한다는 생각으로 상세페이지를 작성해 보자. 그리고 결정적으로 그 타깃을 상세페이지에서 콕 집어 지칭하며 추천대상으로 삼는다. 이건 내 이야기인데!라며 무릎을 탁 칠 정도로 디테일하고 공감 가는 카피를 이용해 상세페이지의 추천대상 부분을 채워 나간다.

문제를 겪고 있는 사람들의 예시를 들어 이런 분들께 추천한다는 식으로 이미지를 제작하는 방식도 효과가 좋다. 자사 제품을 사용하면 문제점들이 해결된다는 스토리를 풀어나갈 수 있다. 내가 이 물건이 꼭 필요했던 바로 그 이유. 어떠한 상황에서 이 물건이 없어서 불편했는지 등을 정확히 이미지화해서 표현해 주고, 그렇기 때문에 이 제품을 강력 추천한다는 식의 논리로 풀어나간다. 내 생활을 들여다본 듯한 디테일함에 구매자의 마음이 좀 더 쉽게 녹아내린다.

또한 제품을 특정대상에게 추천하는 동시에 제품의 장점을 자연스럽게 홍보할 수도 있다. 단맛이 나지 않는 김치찜을 선호하시는 분, 전문 관리점처럼 확실히 발각질 제거가 가능한 제품을 찾으시는 분 등 제품의 특장점을 추천대상에 녹여냄으로써 자연스럽게 장점을 한 번 더 부각할 수 있다.

〈그림 2〉 김치찜 추천

13

사용 방법,
먹는 방법

계속해서 강조하지만 상세페이지의 모든 구성요소는 결국 우리의 특장점을 강조하는 것으로 귀결된다. 인트로, 리뷰, 상품정보, 성분, 추천 대상 등등 모두 제품의 특장점을 부각하는 각기 다른 형태에 다름 아니다. 결국 전체적인 특장점을 아우를 수 있을 만한 하나의 강력한 메시지를 중심으로 모든 구성요소를 짜임새 있게 기획한다는 생각으로 접근해야 한다.

제품 사용 방법이나 먹는 방법 역시 마찬가지. 경우에 따라서는 제품 설명 브로셔의 한 페이지를 채우는 방식으로 사용 방법 콘텐츠를 제작할 수도 있다. 1, 2, 3. 번호를 매겨 가며 제품 조립 방법을 안내하고 on, off 방법을 설명하는 '설명문' 성격으로 구성할 수도 있다. 하지만 먹는 방법과 사용 방법 자체가 제품의 구매 포인트가 될 수도 있다. 어떻게 콘텐츠를 기획하고 표현하느냐에 달린 문제다.

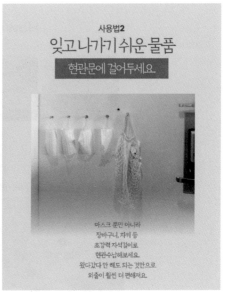

〈그림 1〉 다양한 사용 방법 제시

복잡한 기계나 전자기기 등을 판매할 때, 제품의 조립이나 사용 방법이 어려워 구매를 망설이는 구매자도 많다. 1인 가구가 급증하는 요즘, 제품 사용이나 조립에 있어 가족 등 주위 사람의 도움을 받기 어려운 사람들도 적지 않다. 그렇기 때문에 현실적으로 제품 사용 방법이 어렵지 않다는 내용을 친절하게 부각한다면 바로 이 지점에서 고객의 마음이 열릴 수 있다. 그 자체가 제품의 소구 포인트가 될 수 있다.

또한 이 제품이 떠오르는 바로 그 상황에서 뿐만 아니라 다양한 상황에서 사용할 수 있다는 점을 강조한다. 생각보다 다양한 쓰임이 있는 제품으로 인해 고객의 가격과 시간이 절약될 수 있다는 점도 부각할 수 있다.

〈그림 2〉 간편한 사용법을 강조한 이미지

    예를 들어 이 밀키트를 구매하면 메뉴 걱정되는 저녁 식탁에서도, 캠핑장에서도, 손님 초대상에서도 두루두루 사용된다는 점을 강조하면 구매에 대한 마음의 장벽이 조금은 낮아진다. 거기에 쉬운 조리법까지 추가해 주면 금상첨화. 간단한 조리만으로도 훌륭한 맛과 비쥬얼을 낼 수 있고, 여러 가지 상황에서 퀄리티 좋은 메뉴를 제공해 준다는 데에서 마음을 빼앗긴다. 먹는 방법으로 생각지도 못한 전혀 색다른 레시피를 제공할 수도 있다. 예를 들어 간식용으로 초콜릿을 먹는 것뿐만 아니라 위스키 등의 술과 함께 초콜릿을 매칭해도 훌륭한 페어링이 될 수 있다는 점을 강조할 수 있다. 색다른 조합을 한번쯤 경험해 보고 싶다는 생각이 들 수 있게끔 상세페이지를 구성한다.

HACCP 인증

과일청은 원재료 선별부터 제조, 가공 단계를 거쳐
소비자를 만나기 전까지 식품안전처에서 엄격하게 평가하는
HACCP 인증 완료한 시설에서 정직하게 만듭니다.

Perfect Recipe
과일청 맛있게 먹는 방법

청 4스푼 + 탄산수 300ml · · · · · · 청 3스푼 + 요거트 250ml · · · · · · 청 3스푼 + 물 200ml

 기호에 따라 자유롭게 레시피를 변경하여 드셔보세요!

〈그림 3〉 제품의
다양한 활용법 제시

14

특허, 인증서,
수상내역

특허나 인증서 등의 이미지는 브랜드 스토리나 특장점 등에서 내세우는 주장을 뒷받침할 수 있을 만한 가장 강력하고 객관적인 이미지 요소다. 제품 제작과정에서 받아놓은 특허나 각종 인증서, 수상내역은 고객으로 하여금 자사를 믿을 만한 브랜드로 인식되도록 도와준다.

처음으로 우리 브랜드와 제품을 만난 고객의 입장에서, 공인된 인증서가 있는 기업과 없는 기업을 비교했을 때 인증서나 특허 등 객관적인 인증 자료가 있는 쪽에 믿음이 더 가는 것은 당연한 일이다.

〈그림 1〉 인증서

브랜드 스토리나 특장점 부분의 내용과 이어지지 않아서 넣지 못했던 작은 수상내역이라도 상세페이지 곳곳에 배치해줌으로써 고객의 신뢰도를 높여 주는 작업이 필요하다. 최대한 많은 인증 이미지를 만들 수 있도록 하자.

그런 이미지가 많아 보이는 것 자체가 브랜드 신뢰도에 큰 역할을 할 수도 있기 때문에 경우에 따라서는 자체 인증서를 만들어 배치하기도 한다. '우리 브랜드 공식 인증제' '포장일자 보장제' 등이 그것이다. 자체적으로나마 우리 브랜드에서 정품으로 인증한 제품이니 안심하고 사용해도 좋다는 이미지를 제작한다.

각종 미디어나 협회에서 받는 수상내역 등도 활용해 볼 만하다. 최대한 많이 이미지를 만들고, 없다면 자체적으로라도 만들어보자. 소비자의 신뢰를 이끌어낼 수 있는 가능한 모든 방법을 동원해야 한다.

〈그림 2〉 수상 이미지

☆ ☆ ☆ ☆ ☆

고객센터 및
자주 묻는 질문

스토어를 운영하면서 가장 많은 시간과 노력을 쏟게 되는 부분 중의 하나가 CS다. 케이스에 따라 하루 종일 CS 문제를 해결하느라 시간을 다 빼앗기는 상황도 많이 발생한다. 가능하다면 사전에 방지하는 것이 최선이다.

고객이 제품에 대해 갖는 통상적인 문제들에 대해 조사하고 그 부분을 자주 묻는 질문의 형태로 상세페이지에 미리 공지한다. 실제로 자주 묻는 질문을 게재한 상세페이지와 게재하지 않은 상세페이지 사이 CS 처리 건수에서 확연한 차이가 난다. 고객이 궁금해하는 질문은 포장, 배송, 구성품 등에 관한 내용으로 대부분 비슷한 경우가 많다. 자주 묻는 질문을 잘 정리해서 상세페이지에 제시해 보자. CS 건수가 줄어드는 것은 물론, 고객을 위한 서비스의 한 종류로 인식되어 브랜드 이미지 상승 효과도 기대해 볼 수 있다.

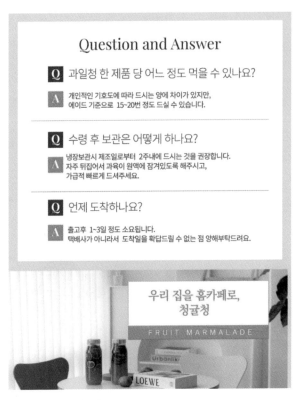

〈그림 1〉 자주 묻는 질문

먼저 제품을 런칭하기 전 비슷한 제품군의 페이지에 있는 FAQ와 리뷰를 참고한다. 리뷰는 평점 낮은 순으로 참고하면 좋다. 자사 스토어에도 생길 수 있는 고객 불만요소이기 때문에 사전에 방지할 수 있도록 방법을 고민해 보자. 배송과 포장, AS와 관련된 부분은 필수적으로 상세페이지에 기재해 주는 것이 좋다. 고객센터 전화번호를 커다랗게 적어두는 것도 도움이 된다. 실제로 온라인스토어에서 물건을 구매하고 하자 등의 이유로 문의를 했을 때, 판매자와의 소통이 원활하지 않음에서 불편함을 느끼는 소비자가 많다. 커다란 고객센터 전화번호 이미지만으로도 우리 브랜드가 소통이 원활하고, 고객 문제 해결에 적극적이라는 이미지를 심어줄 수 있다. 고관여제품일수록 특히나 고객센터 전화번호를 필수로 기재해 두는 것이 좋다.

또한 자주 묻는 질문 콘텐츠로써 브랜드의 전문성을 부각할 수도 있다. 예를 들어 원예 작물을 판매할 때, 해당 식물을 키우는 데에 필요한 전문지식을 고객의 질문과 판매자의 답으로써 표현하는 방식이다. 해당 분야 전문가라는 사실을 부각하기에 좋고 더불어 브랜드에 대한 신뢰도도 상승하는 효과를 기대할 수 있다.

〈그림 2〉 전문성을 강조한 자주 묻는 질문

쇼핑 과정도 길어지면 그 또한 노동으로 느껴질 수 있다. 지친 고객이 한 번 더 전화나 메시지로 문의를 하지 않아도 되도록 최대한 친절한 상세페이지를 만들어보자. 묻기도 전에 미리 궁금증을 해소해 주는 업체에 대한 신뢰도가 더해지는 효과도 기대해 볼 만하다.

CHAPTER

5

카테고리별
상세페이지 예시

제품을 잘 만들거나 소싱했다면 이젠. 잘 팔아야 한다. 어렵사리 매장으로 고객을 모셔왔다면, 매장에서 담판을 지어야 한다. 제품력이든 큐레이션 능력이든 혹은 판매자의 말솜씨라도. 그 어떤 수단이 동원돼도 좋다. 그리고 이 모든 것이 온라인스토어에서는 '상세페이지'로 귀결된다.

지금까지 잘 기획되고 잘 짜인 상세페이지를 만들 수 있는 구성요소에 대해서 알아봤다. 효율적으로 벤치마킹하고 우리 제품의 특장점을 효과적으로 선별해 낼 수 있는 방법에 대해서도 살폈다. 그러나 각양각색 제품들만큼이나 상세페이지 역시 천차만별이다. 각각 제품의 장점을 어떤 방식과 표현 방법으로 녹여 내느냐는 결국 제작자의 몫이다. 이렇게 천차만별 상세페이지라도 각 카테고리별로 보다 더 효과적인 표현 요소들이 있다. 그 요소들을 정리해 보았다.

01

패션의류

패션의류 카테고리에서는 고객이 직접 입어보고 구매하지 못하는 온라인스토어의 맹점을 공략해야 한다. 더불어 옷을 잘 아는 패션 매장 전문가가 나에게 잘 어울릴 것 같은 옷들을 콕콕 집어 골라주는 것 같은 느낌. 때로는 어울리지 않는 옷은 냉정하게 아니라고 이야기해 줄 수 있는 디테일도 필요하다. 나 대신 옷 골라주는 패션 매장 전문 판매자의 느낌으로 세심하게 옷을 표현해 보자.

📧 사진과 움짤

패션의류는 다른 어떤 카테고리보다 풍부한 이미지 콘텐츠가 중요시되는 판매군이다. 때로 백 마디 말보다 욕망을 불러일으키는 이미지 한 장이 판매의 가장 큰 포인트가 될 수 있다. 다양한 제품 컷과 디테일 컷, 코디 컷과 상황별 이미지를 최대한 많이, 풍부하게 제공하자.

　실제 고객이 매장에서 옷을 고른다면 해볼 법한 행동들을 상세페이지에서 대신해 준다는 생각으로 접근한다. 옷의 재질을 확인하기 위해 쓱쓱 만져도 보고, 당겨도 보고, 맨살에 문질러 보기도 한다. 정말 마음에 들면 옷을 직접 입어 보고 불편한 부분은 없는지, 집에 있는 옷들과 다양한 코디가 가능한지 여부 등을 상상하고 가늠해서 옷의 구매여부를 결정한다. 이러한 부분을 잘 보여줄 수 있는 움짤을 제공하자. 빛에 비추어 소재가 잘 드러나는 움짤, 혹은 빛에 비추어도 속이 잘 비치지 않는다는 걸 보여주는 움짤, 손가락을 슥슥 밀어서 질감과 느낌을 표현하는 움짤, 탄성이 얼마나 좋은지 보여주기 위해 쭉쭉 늘려 보는 움짤, 직접 입고 움직였을 때의 탄성을 보여주는 움짤도 효과적이다.

〈그림 1〉 실제 느낌 구현을 위해 옷을 이리저리 움직여 보는 움짤

　소재와 안감 등을 꼼꼼히 확인하는 고객을 위해 디테일 컷도 필수로 제공해야 한다. 소매나 목 부분 사진을 크게 확대해서 보여주고, 안감도

뒤집어서 확인해 준다. 보정을 거치지 않은 날것 느낌의 사진도 제공한다. 실제 색감과 가장 가깝도록 촬영함으로써 화면과 달라서 생길 수 있는 불필요한 불만 CS를 줄일 수 있다.

〈그림 2〉 의류 디테일을 부각한 사진

다양한 코디와 매칭한 모습은 최대한 풍부하게 보여줄수록 좋다. 각자의 집에 있는 비슷한 스타일의 옷에 대입해서 상상하고 구매 결정을 내릴 수 있도록 도움을 준다. 또한 다양한 상황에서 코디한 모습도 풍성하게 보여준다. 실내/실외, 여행이나 모임, 파티 등 의류가 잘 어우러지는 분위기를 이미지화한다. 모델이 옷을 직접 입고 제자리에서 한 바퀴를 돌아본다든지, 길을 걸어 보는 등의 모습을 움짤로 표현해 보여주는 것도 좋다. 옷의 전체적인 핏과 느낌을 보다 더 생동감 있게 보여줄 수 있다. 더불어 여러 상황에서도 두루두루 잘 어울리는 가성비 좋은 옷이라는 점을 통해 고객의 돈을 절약해 줄 수 있음을 부각해도 좋다.

〈그림 3〉 다양한 상황에 어울리는 모습 연출

모델 외의 일반인이 입은 모습을 보여주는 것도 효과적이다. 모델처럼 날씬하지 않은 일반인이 입으면 어떠한 핏이 나오는지 보여주면, 고객 입장에서는 비슷한 체형을 참고해 구매 결정이 보다 더 쉬워진다. 실제로 옷을 구매할 때 나와 비슷한 사이즈의 사람이 쓴 리뷰를 보고 길이감이나 핏 등을 상상해서 구매하는 경우가 많다. 직원이나 지인, 가족 등의 도움으로 고객이 가장 중요하게 생각할 부분들을 채워 주는 친절함을 발휘해 보자.

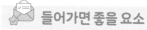

💬 전문가의 추천 COMMENT

옷을 살 때, 함께 간 지인이나 판매자의 조언을 듣고 제품의 구매를 결정하는 경우가 많다. 내 몸에 걸치는 것이기에 더욱이 객관적인 평가를 내리기 어렵다. 그럴 때 옷을 잘 입고 잘 아는 전문가의 조언이 절실해진다. 바로 그 전문가가 되어 보자.

〈그림 4〉 상세페이지의 의류 코멘트

옷 전문가의 입장에서 옷의 소재와 핏감, 질감 등이 어떠하고 어떤 상황과 어떤 분들께 잘 어울릴 것 같다는 코멘트를 제시한다. 올 시즌 유행할 것으로 예상되는 컬러가 매치되어 있다는 등 전문적인 느낌도 함께 덧붙인다. 각종 팁을 더해 주는 것도 방법이다. 디테일이나 사이즈, 코디에 대해서 전문가가 팁을 준다는 방법으로 접근한다. '넉넉하게 입고 싶으신 분들은 66-77반까지 추천드려요.'와 같은 디테일함은 곧 나를 바로 앞에 두고 이야기하는 것과 같은 착각을 불러일으키고, 깊게 몰입된 공감은 곧 구매로 이어질 가능성이 높다.

친절하지만 전문적인 옷가게 주인이 조언해 주는 것처럼 친근한 말투로 코멘트를 넣어보자. MD의 모습을 드러내며 실제 코멘트를 해주는 듯한 이미지를 연출해도 좋다. 의류 스토어는 특히 한 번 만족하면 다시 그 스토어를 찾고 더 나아가 팬덤으로 이어지는 경우가 많다. 팬덤을 불러오는 전문적이고 친근한 글쓰기를 시도해 보자.

특히 의류 스토어의 경우 옷을 표현할 때 사용하는 언어들이 참으로 다양하다. 소재나 질감을 표현할 때, 핏감이나 길이감을 표현할 때 쓰는 특징적인 단어들이 있다. 그 단어들을 수집해 보자. 훨씬 더 실감나는 제품 표현은 물론 친절하고 전문적인 스토어의 모습도 부각할 수 있을 것이다.

🗨 소재 & 제조 공정

온라인에서 의류를 구매할 때, 옷이 나에게 잘 어울릴 것인가 못지않게 구매 결정에 큰 영향을 미치는 요소 중의 하나가 편안한가이다. 직접 입어 보고 구매할 수 없기 때문에 더욱 불안하다. 내 몸에 딱 맞는 것까지는 아니더라도 적어도 불편하지는 않아야 한다. 어떠한 소재를 이용했는지, 내구성과 신축성, 두께감은 어느 정도인지 구체적인 정보를 제공해 주는 것만으로 고객의 궁금증이 대부분 해소될 수 있다. 보풀이나 늘어남 등의 문제는 고객입장에서 의류에 있어 민감한 이슈일 수 있다. 고객이 우려하는 부분을 먼저 해소해 주는 쪽이 온라인 판매여정의 승자가 될 수 있다는 사실, 기억하자.

　제조 공정에 대한 안내를 할 수 있다면 더할 나위 없다. 어떤 워싱과 가공의 과정을 거쳤는지, 고객이 정확히 알지 못하는 공정이라도 우리가 강조한다면 그것이 곧 제품의 특장점이 될 수 있다. 혹시나 너무나 당연해서 다른 스토어에서는 언급조차 하지 않는 기본 공정일지라도 우리가 먼저 특별하게 포지셔닝해서 강조하면 우리만의 특별한 장점으로 거듭날 수 있다.

〈그림 5〉 소재를 강조하는 상세페이지

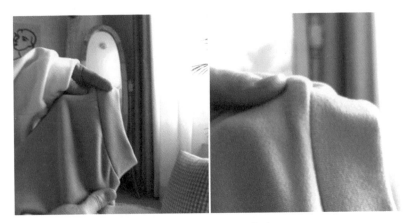

〈그림 6〉 옷감을 당기는 액션을 취하며 자세히 보여주는 움짤

☆ 사이즈, 의류 관리

불필요한 CS를 줄이는 것은 온
라인 사업에 있어서 시간과 비
용을 절약할 수 있는 가장 중요
한 요소 중의 하나다. 상세페
이지에 사이즈에 대한 디테일
한 안내와 세탁에 대한 자세한
설명만 되어 있어도 상당부분
의 불만과 CS를 줄일 수 있다.

〈그림 7〉 사이즈를 추천해 주는 상세페이지

02

패션잡화,
신발

신발을 비롯해 모자, 액세서리 같은 패션잡화 역시 직접 착용해 봐야 제품에 대한 정확한 판단을 할 수 있는 카테고리이다. 사진은 예뻐 보이는데 내가 실제로 착용했을 때 어울릴지 여부를 알 수 없다. 내가 그 제품을 착용한 모습을 머릿속으로 상상하는 수 외에 별다른 방법이 없다. 온라인 구매에 있어 강력한 장애물로 작용하는 요소이다. 그 상상이 좀 더 매력적인 모습으로 그려지도록 상세페이지를 채워 나가는 것은 역시 판매자의 몫이다.

 사진과 움짤

제품 자체 컷과 함께 다양한 착용 샷이 필요한 것은 패션의류 분야와 비슷하다. 제품을 다양한 각도에서 촬영한 이미지와 함께 다양한 코디와 매칭한 사진을 최대한 많이 배치해야 한다. 선별했던 뾰족한 타깃의 취향을 고려해 타깃층이 선호하는 이미지, 트렌디한 느낌 혹은 고급스러운 느낌 등을 강조한 이미지를 바탕으로 전체적인 제품이미지를 구성한다.

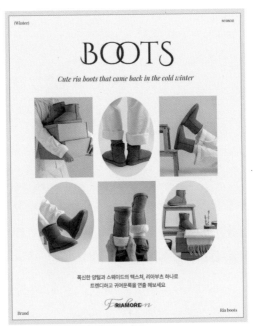

〈그림 1〉 다양한 제품 컷

더불어 제품의 기능적인 특징과 편안함, 소재 등을 강조할 수 있는 다양한 움짤을 만듦으로써 소비자가 제품에 대해 궁금해할 만한 요소를 채워 준다. 이러한 이미지는 제품 특장점을 강조하기에도 효과적이다. 예를 들어 선글라스의 착용감이 좋다는 것을 강조하기 위해 선글라스를 이리저리 손으로 늘려보는 식의 움짤을 제작할 수 있다. 착용하는 순간을 움짤로 포착함으로써 착용 시점에 느껴지는 만족감을 표현할 수도 있다.

제품의 장점을 과학적으로 설명할 수 있는 각종 실험 움짤이나 이미지가 들어가는 것도 좋다. 착용했을 때의 가벼움, 편리함을 강조하기 위해 직접 무게를 재보는 등의 이미지는 소비자로 하여금 제품의 '가벼움'이라는 키워드를 보다 더 직관적으로 받아들일 수 있도록 도와준다.

〈그림 2〉 제품을 착용함으로써 느낄 수 있는 심리적 만족감을 이미지로 표현하자.

역시 개인마다 착용했을 때의 느낌이 다르기 때문에 다양한 체형의 일반인이 직접 착용한 이미지를 제공하는 것도 효과적이다. 얼굴이 사각형인 사람, 동그란 사람 등 다양한 유형의 사람이 제품을 착용했을 때에도 전혀 어색함 없이 잘 어울린다는 점도 제품 특장점으로 발전시킬 수 있다. 고객은 본인의 이야기를 콕 집어 해주는 듯한 기분을 느끼면 공감에 의한 몰입이 가능해진다. 특히 다양한 사이즈에 의한 변수가 많은 카테고리이기 때문에, 리뷰에서 노출되는 신체사이즈 후기를 찾아보고 제품 구매를 결정하는 고객도 많다. 제품 구매에 있어서 가장 큰 고민 요소일 수 있는 개개인 신체상의 차이에 대해 보다 더 자세하게 설명한 상세페이지를 통해 제품 정보를 얻어감과 동시에 배려받고 있다는 느낌에 감동마저 느끼게 될 수 있다. 브랜드나 명품과 비교해도 뒤떨어지지 않는 퀄리티라는 것을 이미지로 강조할 수도 있다. 명품을 소품삼아 함께 사진을 촬영한다든지, 유명 화보와 같은 느낌을 주기 위해서 외국인을 섭외해서 트렌디한 화보와 같은 느낌을 사진에 담는 것도 방법이다.

들어가면 좋을 요소

☆ 정확한 사이즈 제공

신발의 경우는 사이즈가 다양한 경우가 많고, 개개인마다 선호하는 핏과 착용감 등이 다를 수 있기 때문에 정확한 사이즈 정보를 제공하는 것이 중요하다. 각자 선호하는 핏으로 잘 맞아 떨어지느냐를 보여주는 것이 포인트. 정확한 사이즈 정보를 제공하는 것은 당연하고, 신발의 경우 발 형태에 따라 예를 들어 설명해 준다든지, 모자의 경우 얼굴 형태에 따라 설명해 준다는 식의 친절한 설명이 더해지면 좋다. 사이즈가 각기 다른 직원이나 지인들의 후기를 보여줌으로써 선택에 도움을 줄 수도 있다. 실제 사이즈 옵션이 표기된 리뷰를 참고해서 제품을 구입하는 고객들의 심리를 포착해 상세페이지에 구현해 보자.

★★★★★ 5

lucy★★★ / 23. 1. 5. / 신고

색상 : 블랙 / 굽높이 : 3cm / 사이즈 : 240

제가 발 볼이 큰 편인데, 정말 편하게 잘 맞아요. 그렇다고 신발이 부해보이거나 옆으로 퍼져보이지도 않고 디자인 그대로 예뻐보이고요. 첨에 신었을 때 쪼끔 딱딱한 느낌이 있었는데 좀 신다보니 괜찮아졌어요. 강추합니다.

〈그림 3〉 사이즈 옵션이 표기되어 선택에 도움을 주는 리뷰

BOOTS REVIEW

사이즈별 직원의 리얼한 후기입니다!

↘ 스텝 미니 | 롱 착용

키 : 168cm

발사이즈 : 250mm

기모 양털에 촉감도 좋고 폭신해서 착화감이 좋아요. 발 볼이 조금 큰 편이고 평소 운동화, 구두 모두 250 신는 편인데, 딱 잘 맞았어요. 폭신폭신한 느낌 최고입니다.

↘ 스텝 여니 | 숏 착용

키 : 165cm

발사이즈 : 245mm

평소 240 신는데 살짝 넉넉하게 맞는 편이에요. 겨울에 두꺼운 양말 신는데 불편함이 잘 신을 수 있을 것 같아요. 잘 미끄러지지도 않고 생활방수도 되니, 쉽게 때 안탈 거 같아요

↘ 스텝 허니 | 미디움 착용

키 : 160cm

발사이즈 : 235mm

발볼 넓은 230이라 235로 신었는데 너무 잘 맞아요. 털도 정말 부드럽고, 신었을 때 정말 고급지게 예뻐요. 올 겨울 이것만 신고다닐거에요!

〈그림 4〉 사이즈별 직원 리뷰

✪ 가격 품질 비교

패션잡화의 경우 특히 브랜드 제품을 선호하는 심리가 우세한 경우가 많다. 이런 경우 브랜드 인지도보다 가성비와 제품 퀄리티를 중심 특장점으로 내세우는 것이 보다 더 효과적이다. 비슷한 소재, 퀄리티의 브랜드 제품들의 가격과 자사 제품의 퀄리티와 가격을 비교하면서, 품질의 차이는 없지만 가격 면에서 자사 제품이 월등히 우수하다는 것을 강조할 수도 있다.

주장에 대한 근거는 세밀하고 수치화되어 있을수록 좋다. 정확한 수치는 아니더라도 명품이나 브랜드와의 배수 비교 등을 통해 자사 제품의 가성비를 강조한다. 예를 들어 제조하는데 들어간 고급 소재의 양이 타 유명 브랜드에 비해 몇 배 더 포함되었다는 식으로 수치화해서 근거를 제시한다.

✪ 기능의 과학적 검증/전문가의 추천

기능성 신발 등 잡화의 경우, 그 기능을 과학적인 실험이나 수치로 증명해 주는 부분이 중요하다. 직접 발의 온도나 압력을 재본다든지 하는 등의 과학적인 실험 결과가 있다면 고객의 입장에서는 좀 더 쉽게 성능을 신뢰할 수 있다.

평범한 신발이나 모자의 경우도 마찬가지다. 어떻게 포지셔닝하느냐에 따라 고객의 인식 속에 과학적으로 검증된 제품으로 인식될 수 있다. 모자의 각도나 모자의 높이 등이 어떤 얼굴형에 잘 어울리는 등의 추천도 친절한 전문가의 조언으로 받아들여질 수 있다.

CHANCE

계란형 얼굴, 동그란 얼굴, 삼각형 얼굴, 각진 얼굴...
여러 형태의 얼굴이 있지만 CHANCE모자는
00도 각도 완벽한 각으로 모든 얼굴형의 단점을 커버합니다.
CHANCE 만의 얼굴형 입체 분석 기술로
과학적으로 한국인의 얼굴형에
가장 어울리는 모자핏을 찾았습니다.

〈그림 5〉 과학적 수치 등을 강조한 모자 상세페이지

스카프 등과 같은 패션잡화의 경우도 얼굴 형태나 얼굴색에 따라 어떤 색감이 잘 어울리는지, 스타일에 따른 스카프 매칭법이나 매듭법 등을 전문가가 설명해 준다면, 구매 니즈가 있는 고객의 입장에서 훨씬 더 전문성 있고 친근한 스토어로 기억되게 된다.

명품과 브랜드가 특히나 강세인 패션잡화 카테고리의 경우 그들과 차별화할 수 있는 자사 브랜드만의 전문성, 친근함, 기능성 등을 적극 어필해서 고객의 인식 속에 기억되어야만 한다.

03

화장품
미용

화장품과 미용은 특히나 고객의 욕망이 상세페이지에 얼마나 반영되어 있는지가 중요 요소로 작용한다. 많은 화장품 브랜드 중 굳이 우리 화장품을 선택해야 하는 이유를 부각해야 한다. 예뻐지고 싶은 욕망을 충족해 줄 수 있어야 한다. 고객의 고민을 정확히 파악하고, 그 고민이 우리 제품으로 인해 어떻게 개선되는지, 기존 화장품에 비해 어떠한 부분에 차별점이 있는지를 이미지화하고 반복 강조해서 보여준다. 다양한 후기를 생성하고 생생한 후기를 부각하는 것 역시 중요하다.

 사진과 움짤

제품 이미지 사진과 함께 예쁜 모델이 등장해서 화장품을 사용하는 모습을 보여주는 이미지 컷은 화장품 미용 상세페이지에 기본으로 들어가는 요소 중 하나다. 더불어 일반인의 후기 사진을 많이 확보할수록 좋다. 사용 전과 후에 뚜렷한 변화가 있는 사진을 많이 배치하자. (단, 과대광고가 되지 않도록 주의해야 한다.) 움짤로 한 번에 사용 전후가 드러나는 모습을 보여줘도 좋다. 예뻐지고 싶은 욕망을 담아낼 수 있는 모델 혹은 일반인의 사진이 많으면 많을수록 좋다. 나도 저렇게 되고 싶다는 생각을 불러일으켜야 한다.

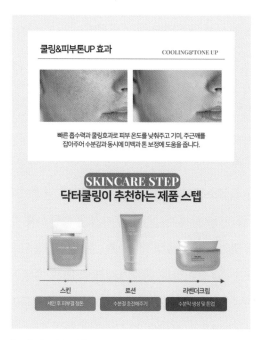

〈그림 1〉 사용 전후 사진

또한 고객이 오프라인 매장에서 직접 샘플 체험을 해보고 구매를 했을 경우 유의 깊게 살폈을 만한 부분을 움짤로 표현한다. 제품의 제형과 질감 등, 색조 화장품의 경우는 가루가 날리는지 여부 등을 움짤을 통해 생생하게 보여줄 수 있다. 실제로 피부에 발랐을 때의 발림성 역시 움짤을 통해 표현할 수 있다.

생생한 후기를 보여줄 수 있는 리뷰 이미지와 채팅창 이미지를 사용하는 것도 좋다. 특히 실제 채팅 이미지는 고객의 마음이 보다 더 솔직하게 드러나는 듯한 인상을 준다. 체험단이나 지인의 리뷰가 오히려 더 신뢰가 가는 이미지가 채팅창 이미지다. "써보니까 어때?" "와 이거 인생템됐어!"와 같은 단순한 메시지도 실제로 사적인 대화상에서 제품에 대한 솔직한 평가를 드러냈다는 인상을 준다. 다만 제품 제공을 통해 이루어진 후기라면 해당 사실을 명시해 줘야 한다는 점도 잊지 말자.

 들어가면 좋을 요소

💬 유명인이 사용한

화장품은 특히나 입소문이나 주변의 추천에 구매 결정이 좌우되는 경우가 많다. 화장품 미용 상세페이지에 후기가 풍성할수록 유리한 이유다. 여기에 실제 유명인들이나 유명 에스테틱 등에서 사용하고 있다는 스토리가 더해진다면, '검증'이라는 퍼즐까지 맞춰진다. 유명인, 에스테틱이라면 수많은 제품들 중에서 고르고 골라 제일 좋은 제품만을 선택할 수 있을 텐데 그중 이 제품을 선택했다는 것에 마음이 간다. 팔로워 몇 천에서 몇 만까지의 뷰티 분야 마이크로 인플루언서를 통해 더 상세하고 실감나는 리뷰를 확보할 수도 있다. 최대한 많은 실사용 후기를 모아보자.

〈그림 2〉 인플루언서 사용 후기

☆ 과학적 증거

제품의 성분이나 기대할 수 있는 개선 효과 등에 대해 과학적인 이미지를 활용해서 표현해 주는 방법이다. 피부표면에 어떤 식으로 흡수되는지, 화장품을 구성하고 있는 성분이 구체적으로 피부에 어떠한 도움을 줄 수 있는지, 과학적 근거를 들어 제시한다. 물론 과대광고가 되지 않도록 유의해야 한다.

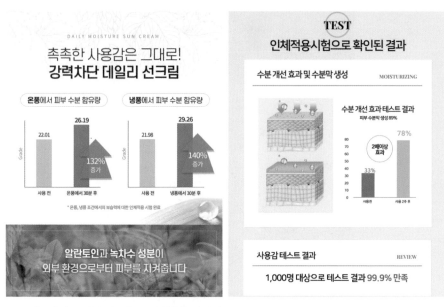

〈그림 3〉 표와 수치, 테스트를 활용한 이미지

✪ 연구 개발 과정

이 제품을 개발하기까지의 동기나 주위에서 흔히 만날 수 있는 실사례를 들어 제시해 줘도 좋다. 특정 피부 트러블 때문에 고민하던 아이, 부모님 등을 위해 직접 연구개발에 뛰어들었다는 식의 스토리는 제품의 진정성을 한층 더 높여 준다. 제품을 개발하기까지 들였던 시간과 투자비용 등을 수치화해서 보여주는 것도 신뢰감을 불러일으킬 수 있다. 시간을 초나 분, 시간으로 쪼개면 좀 더 양적으로 많아 보이는 효과를 줄 수도 있다.

예를 들어 5년의 연구개발 기간을 거쳤다면, 5년 내내 연구했다는 가정하에 시간으로 쪼갰을 때, 43,800시간이 된다. 5년과 4만 시간 사이에는 확연한 인식의 차이가 생긴다. 연구개발 과정에서 실패했던 스토리를 들려주는 것도 좋다. 실패하고 성공하는 수많은 연구개발 과정에 생생하게 참여했던 느낌이 들면서 고객으로 하여금 제품에 좀 더 몰입하게 하는 효과를 가져올 수 있다.

04

가구,
인테리어

가구, 인테리어 카테고리의 제품들은 가격대가 높은 고관여제품이 많은 편이다. 게다가 한 번의 결정으로 생활 가장 가까이에서 오랜 시간 사용해야 한다는 부담이 있다. 구매에 신중할 수밖에 없는 이유다. 이런 영향으로 온라인상 구매전환율이 낮은 편에 속한다.

인터넷상에서 디자인과 후기를 살피고 상세페이지를 면밀히 검토하더라도 결국에는 내 눈으로 직접 보고 만져 보고 체험해 본 제품을 구매하는 것이 마음이 놓인다. 적어도 한번쯤 매장을 찾아 실제 제품을 눈으로 확인하고 구매를 결정하는 경우가 많다. 이러한 구매심리와 패턴을 파악해서 전략적인 판매에 나서야 한다.

가구와 인테리어 제품들은 공간을 채워 주는 아이템들이다. 기능성도 중요하지만 심미적인 디자인 역시 구매 결정에 굉장히 중요한 요소로 작용한다. 디자인이 중요한 제품군은 특히나 사진 이미지가 다양하게 들어가는 것이 좋다. 이 가구가 우리 집이나 사무실에 배치될 경우 이러한 느낌을 줄 수 있겠다는 욕망을 충족해 줄 수 있을 만한 다양한 사진들을 제시해야 한다.

〈그림 1〉 기능과 함께 디자인이 중요시되는 가구인테리어는
사진 자료가 풍부할수록 좋다.

〈그림 2〉 제품이 공간에 더해질 때 줄 수 있는 안락한 분위기를
강조한 이미지

전후 사진 비교를 통해 이 가구와 인테리어 제품이 없었을 경우와 있을 경우 공간의 확연한 차이를 보여주는 것도 효과적이다. 누구나 공간에서 느끼고 싶은 편안하고 안락한 느낌을 줘야 한다. 어지러웠던 공간에 제품이 들어오고 나서 한결 아늑하고 정돈된 공간이 되었다는 느낌을 움짤을 통해 효과적으로 보여줄 수 있다. 그 느낌을 강조한 사진과 움짤을 최대한 많이 실어준다. 욕망을 자극해야 한다.

이 제품이 없었을 경우의 공감 상황을 적극적으로 짚어 주는 것 또한 중요하다. 제품이 없었을 때 생겼던 문제 상황들, 분명히 느끼고 경험했을 문제이지만 이미지로 정확히 상기시켜 주지 않으면 고객은 그 상황을 기억해 내지 못한다. 우리 제품이 이렇게 고객의 삶의 질을 업그레이드 시킬 수 있음을 친절하게 보여줘야 한다. 물건들로 어지럽게 정리되지 않았던 사진 등을 많이 제시하고 이러한 골치 아픈 문제들을 자사 제품을 통해 단번에 해결할 수 있음을 적극 어필해 보자. 명확하지 않았던 이 제품을 선택해야 할 이유가 본인의 불편했던 문제 상황 경험과 맞물리면서, 반드시 사고 싶다는 욕망으로 발전한다.

이러한 전후 변화와 문제 상황 해결을 움짤로 만들어서 제시하는 것도 좋다. 한 화면에서 제품이 없었을 때의 어지러운 공간이, 제품이 생기고 난 후 깨끗하고 안락하게 변화한 모습으로 오버랩되도록 연출한다. 기본적으로 움짤 자체에 콘텐츠를 강조하는 효과가 있고, 그러한 공감 상황에 대한 기억을 불러일으키고 제품의 기능적 심미적 특징을 효과적으로 강조할 수 있다.

안전성 역시 이미지와 움짤로 강조하는 것이 효과적이다. 오래 두고 사용해야 하는 제품이고 생활에 밀착되어 있는 가구 인테리어 제품이기 때문에 더더욱 안정성에 대한 의심을 갖게 된다. 제품의 소재가 친환경 인증을 받았다든지 하는 공식적인 인증서를 적극 활용하자. 제작 공정을 직접 보여줌으로써 안정성을 강조하는 것도 좋다. 직접 제품에 여러 실험을 함으로써 제품의 견고함을 보여주는 것도 효과적이다. 실험은 좀 더 과학적이고 다소 자극적이어도 좋다. 성인 여러 명이 제품 위에 올라가서 뛰어본다든지 하는 실험은 다소 자극적이지만 제품의 견고함을 직관적으로 보여줄 수 있는 한 장의 이미지가 될 수 있다. 안전성 이슈는 가구 인테리어 제품을 구매할 때 가장 중요하게 살피는 결정 요소 중의 하나이기 때문에 상세페이지에서 정확하게 짚어 주는 것이 좋다.

앞서 언급했듯 제작 공정과 전문가들의 모습이 등장하는 것 역시 효과적이다. 차별화된 기술력도 전문적으로 어필한다. 가격이 비교적 비싼 제품들이 많기 때문에, 보다 더 전문적이고 브랜드 인지도가 있는 업체에서 구매하고자 하는 선호가 있다. 이러한 심리를 이용해 보자. 자사가 숨어 있는 고수이고 진짜 전문가라는 사실을 적극적으로 어필하자. 제품에 대한 신뢰도가 월등히 올라갈 것이다.

〈그림 3〉 안정성을 강조하는 이미지

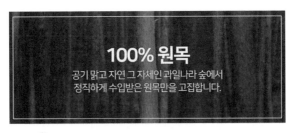

100% 원목

공기 맑고 자연 그 자체인 과일나라 숲에서
정직하게 수입받은 원목만을 고집합니다.

마니또의 가구는 폼알데하이드와 라돈에 대한
까다로운 절차를 거쳐 제작되고 있습니다.

폼알데하이드? 라돈? 걱정마세요!
믿고 사용하실 수 있도록 안전한 곳에서 정직하게 만듭니다.

〈그림 4〉 전문적인 제작 공정과 안정성 강조 이미지

 들어가면 좋을 요소

⭐ **구매 결정 팁**

가구, 인테리어 카테고리에서 브랜드의 가장 큰 특장점으로 내세울 요
소 중 하나가 단연 전문성이다. 브랜드의 역사와 전통, 제품에 대한 전
문성 등을 상세페이지에서 적극적으로 드러내야 한다. 가구 장인이 가
지고 있는 가구에 대한 노하우를 풀어주는 듯, 가구를 선택할 때에는 이

런 점들을 꼭 체크하라는 구체적인 조언을 제시한다. 전문적인 지식을 가진 지인이 전해주는 구매 팁처럼 콘텐츠를 구성해 보자. 비단 우리 매장이 아닌 다른 곳에서 가구를 구매할 때에도 이러한 부분은 꼭 짚고 넘어가라는 식의 멘트를 추가해도 좋다. 제품과 브랜드에 대한 전문성이 올라감과 동시에 신뢰도도 한층 더 올라갈 수 있다. 친절한 설명에 고객과의 관계 역시 보다 더 깊이 형성될 수 있다. 고객의 인식 속에 이 분야의 '전문가'라는 카테고리를 선점해 보자.

💬 품질보장

고관여제품인 만큼 제품에 대한 신뢰도는 곧 구매전환으로 이어진다. 품질을 보증해 준다는 내용을 상세페이지 곳곳에 배치해 보자. 제품 구매 후 불만족 시 100% 환불 등의 내용을 제시하는 것도 좋다. 실제 100% 환불 메시지가 있더라도 환불을 요청하는 고객은 흔치 않다. 그래도 비싸고 오랜 고민 끝에 결정해야 하는 제품인만큼 판매자의 품질보장 멘트 하나는 제품에 대한 신뢰도 상승효과를 불러온다. 우리 제품에 대한 자신감을 적극적으로 표현하자. 각종 인증서와 환불 제도 등을 적극 어필하자. 제품과 브랜드에 대한 신뢰도는 올라가고 고객은 제품 구매 결정에 한걸음 더 가까워진다.

〈그림 5〉 각종 인증서로 품질 보장 이미지 강조

05

식품

나와 내 가족이 먹는 식품. 건강과 직접적인 연관이 있을 수 있는 식품 카테고리는 구매에 있어서 불안 요소가 비교적 큰 상품군 중의 하나다. 어떠한 방식으로든 검증이 이루어진 제품을 선택하고 싶다. 브랜드 인지도가 있거나 적어도 후기가 많은 제품이 그러한 불안감을 해소해 줄 수 있다. 그것도 아니라면 상세페이지에서 최대한 고객의 신뢰를 높여 줄 수 있는 객관적인 요소들을 치밀하게 배치해야 한다. HACCP인증 등 공식적인 인증서도 적극적으로 어필할 필요가 있다.

제조 공장의 모습, 현장의 깔끔한 제조 공정, 포장 상태, 각종 인증서 등을 적극적으로 활용해서 먹을거리에 대한 불안 요소들을 최대한 해소할 수 있어야 한다. 오프라인 마트에서라면 다소 생소한 제품일지라도, 시식을 해봄으로써 입맛에 맞는지 여부를 가늠할 수 있을 텐데 온라인에서는 '시식'이 불가능하다. 상세페이지상의 표현이나 후기에 의해

맛을 '상상'할 수밖에 없다. 고객의 상상을 자극하는 요소를 최대한 많이 배치해 놔야 하는 이유다.

고객 모두의 제각기 다른 입맛을 충족시키기란 불가능에 가깝다. 하지만 적어도 한번쯤 맛은 보고 싶을 정도로, 실감나는 맛 표현을 상세페이지에 세심하게 녹여 내 보자. 직접 맛을 보지는 못하

〈그림 1〉 입맛을 자극하는 음식 모습 움짤 표현

더라도 마치 시식을 하고 있는 것과 같은 실감나는 맛 표현을 구현해 내야 한다. 먹방을 하는 모습, 먹는 소리, 실감나는 음식 움짤 등으로 시식하지 못하고 제품을 구매해야 하는 고객의 아쉬움과 불안한 부분을 채워 줘야 한다. 풍부한 이미지와 움짤 등의 콘텐츠가 식품 카테고리에서 더욱더 중요하게 여겨지는 이유다.

특히 식품의 경우 한번 맛을 보고 입맛에 맞다고 여겨지면 동일 제품을 계속해서 구매하는 경향이 있다. 그 믿음은 스토어의 타제품 구매로도 이어진다. 첫 구매의 장벽을 넘어야 한다. 첫 구매를 유도하는 체험단 등의 마케팅 전략과 재구매를 유도할 수 있는 전략 등이 필요하다.

 사진과 움짤

식품 카테고리에서는 고객의 욕망을 보다 더 생생하게 콘텐츠로 구현해 내야 한다. '침이 꼴깍 넘어갈 정도의 맛있는 이미지'를 표현해 줘야 한

다. 오감 중에 미각과 후각이 가장 주요한 요소로 작용되는 식품 카테고리인만큼 시각적인 요소를 통해 미각과 후각의 영역까지도 모두 표현할 수 있어야 한다. 실감나는 움짤이라면 온라인 2D화면을 4D처럼 느끼게끔 표현도 가능하다. 특히 고객이 광고를 보고, 혹은 그 키워드를 검색해서 상세페이지에 유입됐을 경우 어떤 욕망과 니즈를 가지고 있을지를 정확히 파악하고 상세페이지에 녹여 낼 수 있어야 한다. 특히 상세페이지 상단에서 고객의 구미를 당길 수 있을 만한 강력한 이미지와 움짤을 배치하는 것이 좋다.

〈그림 2〉 고구마를 검색한 고객이 기대하는 이미지

예를 들어 '김치찜'이라는 키워드로 검색해서 들어온 고객이라면 새빨간 김치찜을 결결이 쭈욱 찢어 먹는 움짤 한 장에 마음이 움직일 수 있다. 만약 오징어를 검색해 유입됐다면, 오징어를 익히는 움짤에 이글거리는 빨간 숯불과 하얗게 올라오는 연기의 모습에 침이 고인다. 뇌가 오징어를 맛있게 익혀 먹었던 미각과 후각의 기억을 끄집어낸다. 오징어를 검색해 들어온 사람의 욕망을 정확히 캐치해 내는 움짤 한 장이 비슷한 품질과 가격 경쟁력의 제품들 사이에서 자사 제품만의 차별점을 가져올 수 있다.

상세페이지 상단에 고객의 욕망, 고객의 식욕을 돋울 수 있는 다양한 음식 사진과 움짤들을 배치하자. 고객의 식욕을 최대한 자극하자. 직접 식품을 먹음직스럽게 먹고 있는 동영상이나 움짤을 배치하는 것도 유효한 전략이다. 후루룩 후루룩 면발을 맛깔나게 '흡입'하는 모습을 짧게 보여주는 움짤 하나에 고객은 그 음식을 맛보고 싶은 욕망이 생긴다. 상세페이지에 유입된 고객은 기본적으로 그 제품에 호감을 갖고 있는 고객이다. 고객은 과거에 그 식품을 맛있게 먹었던 기억에 의지해 제품을 구입하고자 우리의 상세페이지를 열었다. 그 기억을 현실로 끄집어내자. 맛있게 먹었던 기억을 되살릴 수 있도록 최대한 먹음직스럽게 먹는 모습을 노출한다. 나도 그러한 행복한 미각 경험을 다시금 누리고 싶다는 욕망이 생긴다. 이는 곧 제품 구매로 이어질

〈그림 3〉 맛깔나게 표현된 음식 이미지

가능성이 높다.

또한 우리의 제품이 해당 키워드, 카테고리 1등이 아니라면 고객이 타사의 제품을 먼저 살펴보고 우리 스토어에 유입됐다는 가정하에 상세 페이지를 꾸려나간다. 다른 제품의 평점 낮은 리뷰를 우리의 장점으로 승화시킨 이미지를 풍성하게 제작한다. 왜 경쟁 제품들을 구매하지 않았을까, 바로 그 지점을 포착해서 우리의 장점으로 상단에 배치한다.

우리 스토어보다 상위노출되어 있는 스토어의 평점 낮은 리뷰가 예를 들어, '신선하지 않다'였다면, '온라인에서 해산물을 구입하면 싱싱하지 않은 상태로 배송될까 망설이셨나요'와 같은 멘트와 함께 우리 제품의 포장 배송에서의 신선함을 부각시킬 수 있는 이미지와 움짤을 상단에 배치한다. 먼저 본 페이지에서 구매를 망설이게 했던 요소가 우리 상세페이지에서는 말끔하게 해소되면서 구매에 보다 더 가까워질 수 있다.

들어가면 좋을 요소

⭐ 제품 제조 공정

식품을 제조하는 공정이 얼마나 깔끔하고 전문적인지를 보여주는 과정은 제품에 대한 신뢰도를 훨씬 더 높여 줄 수 있는 중요한 요소다. 특히 농산물이라면 산지의 모습을 직접 보여주는 것이 필수. 농산물을 직접 재배하는 농부의 얼굴이 공개되는 것이 대세이기도 하다. 농부의 철학이 담겨 있는 농산물, 농부의 얼굴을 걸고 자신 있게 추천하는 제품이라면 누구라도 신뢰가 가게 된다. 신선한 산지의 모습과 깔끔한 제조 공정의 모습이 움짤과 풍성한 이미지를 통해 부각된다면 제품에 대한 신뢰도

또한 함께 상승한다. 제품을 제조하는 공정의 전문적이고 위생적인 모습, 장인이 만든 식품이라는 부분도 강조해 보자. 한번쯤 맛보고 싶다는 욕구가 생길 수 있도록, 상세페이지에서 가용할 수 있는 모든 감각을 동원해 고객을 설득해야 한다.

〈그림 4〉 명인 제조 강조

⭐ 먹는 방법/팁

제품을 먹음직스럽게 먹을 수 있는 다양한 방법을 제시하는 것 역시 식품 상세페이지의 중요한 요소 중의 하나다. 다양한 방법으로 조리한 모습들, 다양한 장소에서 제각각의 상황에 어울리는 식품들이라면 고객은 가성비가 좋다라는 인식을 가질 수 있다. 이 식품으로 저녁 메뉴도, 손님 접대 음식으로도, 캠핑 음식으로도 활용할 수 있다면, 쟁여 놓고 싶다는 욕망이 생겨날 수 있다. 다양한 활용법과 먹는 팁 등을 풍성하게 제시하자. 돈을 지불하면서도 돈을 아낀다는 마음이 들면 고객의 구매 결정은 보다 더 쉽게 이루어진다.

〈그림 5〉 요리 법, 먹는 법 등을 다양하게 제시해야 한다.

06

캠핑

팬데믹 이후 캠핑 수요가 어마어마하게 늘어났다. 더불어 관련 산업 군도 급성장했다. 자료에 의하면 2020년 기준 국내 캠핑 관련 산업 규모는 5조 8336억 원에 이른다. 2019년(3조 689억 원)대비 90.1% 폭등한 수치다.

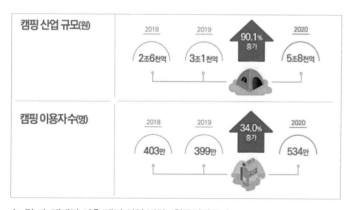

〈그림 1〉 팬데믹 이후 캠핑 산업 변화. 한국관광공사

온라인 쇼핑몰에서 역시 무수히 많은 캠핑 관련 업종과 아이템이 쏟아져 나오고 있다. 신혼 살림을 차릴 때에 집안에 필요한 물품들을 하나하나 구매해야 하는 것처럼, 아이를 낳으면 구비해야 할 육아용품들의 항목이 있는 것처럼 캠핑 역시 그 안에 채워 넣어야 할 용품들의 종류가 굉장히 방대하다. 계절에 따라서 필요한 용품들도 각기 다르다. 트렌드에 따라 수요와 니즈도 달라진다.

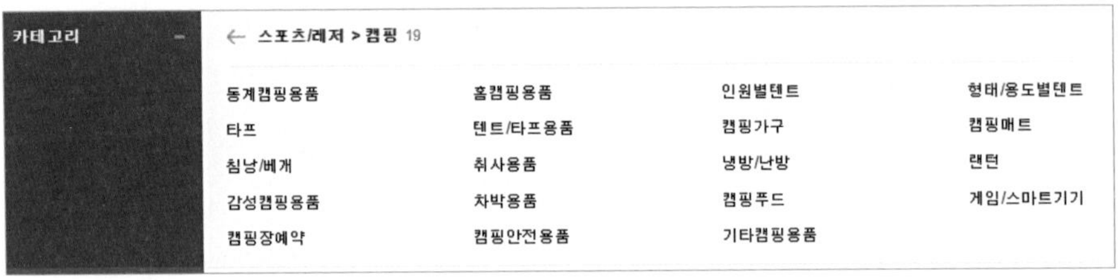

카테고리	—	← 스포츠/레저 > 캠핑 19			
		동계캠핑용품	홀캠핑용품	인원별텐트	형태/용도별텐트
		타프	텐트/타프용품	캠핑가구	캠핑매트
		침낭/베개	취사용품	냉방/난방	랜턴
		감성캠핑용품	차박용품	캠핑푸드	게임/스마트기기
		캠핑장예약	캠핑안전용품	기타캠핑용품	

〈그림 2〉 스마트스토어 캠핑 카테고리

캠핑 카테고리가 특히 시장과 트렌드에 대한 이해가 필수로 요구되는 카테고리 중 하나인 이유다.

강조해야 할 부분들은 단연 '야외'에서 사용할 때 기대할 수 있는 특장점들. 캠핑장에서 사용할 때 편리한 부분, 욕망을 채워 줄 수 있는 부분들을 적극 발굴해서 상세페이지에 반영해야 한다. 평소 캠핑 관련 커뮤니티에서의 캠핑 후기나 제품 리뷰 등을 잘 살피고, 캠퍼들의 욕망을 자극할 수 있는 부분을 파악해야 한다. 야외 활동에서의 낭만과 정취를 '경험'하기 위해 기꺼이 감수해야 하는 불편함을 캐치하고, 자사 제품이 그 문제를 해결해 줄 수 있는 부분을 적극 어필해야 한다.

고객의 캠핑에 대한 욕망을 자극할 수 있는 야외의 사진과 실감나는 움짤, 동영상을 풍성하게 배치해야 한다. 당장이라도 그 사진 속으로 뛰어들고 싶은 실감나는 야외 이미지들을 많이 확보하자. 그리고 그 안에서의 쾌적하고 낭만적인 캠핑에 큰 역할을 하는 제품의 이미지를 연출한다. 캠핑장에서 이 제품이 없었을 경우에 경험했을 법한 문제 상황들을 보여주고 자사 제품을 통해 그 문제를 해결하고 보다 더 쾌적한 캠핑 경험을 할 수 있음을 부각한다.

와 너무 좋아 보인다. 당장이라도 떠나고 싶다라는 느낌을 줄 수 있는 매력적인 사진과 움짤들을 많이 배치해야 한다. 캠핑장에서 제품으로 인해 느낄 수 있는 낭만적인 캠핑 경험을 실감나게 보여줄수록 좋다.

예를 들어 텐트 안을 아늑하게 꾸며놓고 그 안에서 캠핑을 즐기는 모습을 천천히 카메라를 움직이면서 보여주는 움짤 하나만으로도 구매 욕구를 충분히 자극할 수 있다. 욕망을 자극할 수 있는 이미지를 최대한 많이 확보하는 것이 관건이다.

캠핑 용품은 제품력과 기능이 중요한 경우가 많다. 제품의 기능을 보여줄 수 있는

〈그림 3〉 캠핑의 로망과 정취를 물씬 담은 사진을 많이 확보하자.

실험 등을 활용해 직관적인 이미지로 표현해 보자. 예를 들어 텐트 안의 난방이나 냉방 기능에 도움을 주는 제품의 경우 적어도 온도계로 사용 전후를 비교하는 이미지를 통해 객관적인 수치를 증명해 주는 것이 좋다. 온라인 고객은 유독 의심이 많다. 고객을 안심시킬 수 있는 장치로는 객관적인 증거, 과학적인 증거가 최선이다.

〈그림 4〉 기능을 강조하기 위한 직관적 이미지도
중요하다.

그리고 그 기능의 우수성과 원리를 고객이 보기 쉽고 알기 좋게 그림이나 이미지화해서 보여주는 방법 또한 효과적이다. 소위 '있어 보이는' 과학적이고 전문적인 증거와 설명을 곁들이되, 그것을 초등학생도 알기 쉽도록 알려줘야 한다. 고객을 안심시키는 것이 관건이다.

☆ 안전성과 편리성

캠핑장에서의 여러 안전사고 등이 이슈화되면서 캠핑 용품의 안전성은 제품 구매에 있어서 주요한 구매결정 요인으로 자리 잡았다. 화재의 위험은 없는지, 이동에 불편함은 없는지 등 캠퍼들의 걱정거리를 해소해 줄 수 있을 만한 요소가 필요하다. 각종 인증서를 통해 안전성을 증명하든지, 확실한 AS를 전면에 내세우는 방법도 좋다. 직접 제품

〈그림 5〉 불안을 잠재울 수 있는 이미지

을 조립, 운반하고 사용하는 모습을 통해 안전성, 간편함, 휴대성 등을 보여주는 등 고객의 불편함과 불안을 해소할 수 있는 다양한 콘텐츠들을 배치해야 한다.

☆ 구매 결정 팁

캠핑에 익숙하지 않은 사람의 경우, 생소한 캠핑용품을 구매하려다 보면 막막한 기분이 들게 마련이다. 낯선 캠핑용어와 제품들 사이에서 어떤 결정을 내려야 할지 감이 잡히지 않는다. 이럴 때 캠핑 전문가나 마니아가 구매 결정 팁을 주거나 조언해 주는 방식으로 접근해 보자. 예를 들어 텐트를 구매할 때에는 이런 점들을 꼭 체크하고 주의하라는 식으로 조언한다. 자사 제품이 아닌 다른 제품을 구매하더라도 꼭 이 부분만은 체크하고 구매해야 한다고 강조한다. 그러면서 자연스럽게 제품의 특장점을 강조할 수 있다. 제품에 대한 신뢰도가 함께 올라가는 것은 물론이다.

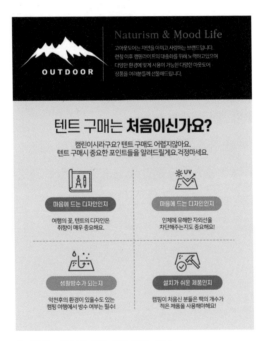

〈그림 6〉 제품 구매에 대한 팁을 제시

🗨 자세한 사용 방법 제시

다소 어렵고 생소하다고 느껴질 수 있는 캠핑용품의 사용 방법을 쉽게 이미지화해서 표현한다. 동영상이나 움짤로 제품 사용 방법을 쉽게 제시할 수도 있다. 캠핑용품은 사용 방법이 얼마나 간편한지 여부가 구매 결정 포인트가 될 수 있다. 적극적으로 이미지화할 필요가 있다. 동영상은 클릭을 유도하기 쉽지 않기 때문에 되도록 다양한 움짤로 표현하는 것이 효과적이다.

〈그림 7〉 설치하는 방법 이미지

07

생활용품

비교적 저관여제품에 해당하는 생활용품의 경우, 디자인과 가격이 구매에 주요한 결정 요소가 되는 경우가 많다. 거기에 일상생활에서 밀접하게 사용해야 하는 제품이기 때문에 안정성 요소도 빼놓을 수 없다. 특히 가격대도 비교적 높지 않은 편이고 비슷한 제품들의 차별성을 한눈에 알아보기도 쉽지 않다. 네이버 스마트스토어의 경우 생활/주방용품의 총 8개 카테고리에 등록되어 있는 제품 수만 2023년 1월 현재 1억 3천여 가지. 이 중에서 우리 브랜드와 우리 제품을 고객에게 어떻게 부각할 수 있을 것인가.

제목에 답이 있다. 생활용품 카테고리는 실제로 우리의 생활에서 자주 사용하고 밀접하게 연관되어 있는 제품이 대부분이다. 누구나 이미 사용하고 있을 가능성이 높은 제품군이고, 그 제품에 만족하고 있다면 새로운 상품을 구입하는 데 있어 장벽이 비교적 높은 편이다.

〈그림 1〉 생활 주방용품 카테고리

정기배송으로 주기적으로 같은 제품을 배송받거나 집에 물품이 떨어졌을 때 본인의 구매내역에서 기존에 샀던 제품을 찾아서 다시 구매하는 경우도 흔하다. 그만큼 획기적인 제품의 차별성을 어필해 기존 다른 제품을 사용해 오던 고객을 끌어오기 쉽지 않다. 하지만 바꿔 말하면, 그만큼 한번 고객의 마음에 들면 재구매가 지속적으로 이루어질 가능성도 높다는 이야기이기도 하다.

역시 '공감'의 영역을 터치해야 한다. 캠핑을 매일 가지는 않지만 치약은 매일 쓴다. 매일 호캉스를 하는 것은 쉽지 않지만 물건들로 어지럽혀진 방은 매일 내 가시권 안에 있다. 일상생활에서 불편했던 순간들, 그 포인트를 건드려주면 그 상황이 빠르게 떠오르면서 고객은 불편상황에 깊이 공감하게 된다. 자사의 제품이 그 불편했던 문제들을 해결해 줄 수 있는 묘안임을 부각한다. 한번쯤 바꿔 보는 것도 괜찮겠다는 생각이 들도록 상세페이지를 구성한다. 이후 재구매가 이루어질지 여부는 제품 퀄리티의 영역이기도 하지만, 이 역시 상세페이지에서 제품의 장점을 끊임없이 부각시키고 효과적인 활용 방법들을 계속해서 제시해 준다면 가능한 부분이다.

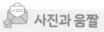

제품 이미지 사진과 함께 일상생활에서 제품이 직접 사용되는 모습을 최대한 많이 보여준다. 다양한 상황, 다양한 생활공간에서 유용하게 쓰이는 모습을 계속해서 제시한다. 제품 사용 전에 겪을 수 있는 문제 상황을 디테일하고 적나라하게 보여주는 것도 방법이다. 생활용품 카테고리에서는 '공감'의 영역을 빼놓을 수 없다.

실제 제품을 사용함으로써 효과적으로 상황이 변화한 모습을 임팩트 있게 보여주는 움짤을 제작한다. 정리용품이라면 제품을 쉽게 정리하는 장면을 짧고 강력하게 보여주는 것도 좋다. 당장이라도 정리하고 싶은 욕구를 불러일으킬 수 있도록 다양한 사용 장면을 제시한다.

—— 설거지 할 때 이런 점 불편하셨죠? ——

아무리 힘 줘 닦아도 도저히 안 닦이는 **찌든 때**

분명히 다 닦았는데 남아있는 **기름 때**

물로 다 헹궜는데 남아있는 **작은 거품들**

〈그림 2〉 문제 상황을 기억하게 하는 이미지와 멘트를 적극 활용해야 한다.

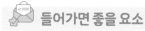 들어가면 좋을 요소

⭐ 생활 밀착형 후기

공감의 영역이 유독 중요한 생활용품 카테고리인만큼 실제 사용해 본 사람들의 후기가 구매에 큰 영향을 미친다. 제품을 사용해서 실제로 생활의 질이 높아졌다는 스토리의 사용자 후기를 확보한 후 그 후기를 콘텐츠화해서 상세페이지에 담아내는 방법도 효과적이다.

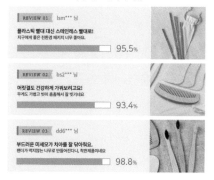

〈그림 3〉 실사용 후기를 적극 활용하자.

예를 들어 기존에 사용하던 수세미로는 10번을 문질러도 닦이지 않던 냄비의 찌든 때가 자사 제품을 사용하니 단 한 번에 닦여서 설거지하는 수고를 덜었다고 하는 이야기 역시 콘텐츠화할 수 있다. 고객이 기존에 겪었던 문제 상황과 동일한 고민이 있던 사례를 제시해 주면 나에게도 적합한 제품일 수 있다는 판단을 하는 것이 보다 더 쉬워진다.

최대한 많은 생활 밀착형 후기 콘텐츠를 확보하고 상세페이지에 녹여내야 한다. 런칭 전, 체험단의 세심한 후기를 많이 확보하고 지인이나 직원들의 실사용 후기도 담는다. 직원들의 후기라 할지라도 이 제품이 너무 좋아서 꼭 선보이고 싶었다는 이야기를 진정성 있는 후기로써 녹여낼 수 있다.

☺ 제작 소싱 동기와 과정

왜 하필 이 제품을 선보이는지에 대한 스토리가 더해지는 것도 좋다. 제작자나 판매자의 생활 밀착형 고민에 대한 대안으로써 이 제품을 제작했다는 식의 스토리도 효과적이다. 생활에서 이런 불편을 겪던 중, 시중에서 마음에 드는 제품을 찾을 수 없었고 결국 전문가의 도움을 받아 직접 제작할 수 있었다는 식의 스토리라인도 좋다. 이 제품을 제작하고 찾기까지 얼마나 많은 노력을 기울였는지 연구 기간 등을 수치화해서 보여줄 수도 있다. 5년/1825일의 연구기간 324번의 실험 등 구체적인 수치를 보여주면 좀 더 임팩트를 줄 수 있다.

☺ 안정성에 대한 근거

생활 속에서 자주 사용하는 제품이기 때문에 안정성 문제가 주요한 구매 결정 요소가 될 수 있다. 제품에 사용된 소재의 안정성을 입증해 줄 수 있는 과학적인 증거 자료와 인증서 등을 제시함으로써 제품의 안정성 부분에 대한 고객의 불안을 해소해 주는 것이 좋다. 고객이 불안해하고 고민할 부분을 하나하나 짚어 주고 해소해 주자. 고객이 구매버튼을 클릭하기까지의 여정이 너무 길어지지 않도록 제품에 대한 의심을 최소화할 수 있는 장치들을 곳곳에 배치해야 한다.

〈그림 4〉 제품의 안정성을 강조한 이미지

💬 디테일한 가격 비교

워낙 저가의 가성비 좋은 제품들이 즐비한 영역이라 가격에 대한 심리적 장애물도 높아질 수밖에 없다. 이 가격이면 비슷한 성능의 더 저렴한 제품을 사는 것이 유리할 것 같다는 계산이 계속해서 이어진다. 이 제품의 가격이 합리적이라는 설득 과정이 필요하다.

예를 들어 안정성이 검증되지 않은 여타의 저렴한 세탁세제를 사용했을 경우 추가로 부담해야 하는 부대비용들, 옷감이 망가지고 세탁기 성능이 저하되고 가족의 피부에도 좋지 않은 영향을 미칠 수 있다는 부분을 대략적으로 수치화해서 보여준다. 타제품을 사용함으로써 부담할 수 있는 비용들에 비하면 우리 제품이 가성비가 높은 제품이라는 부분을 부각할 수 있다.

08

육아,
반려동물

반려동물용품과 육아용품은 상세페이지 유입대비 비교적 높은 구매 전환율을 보인다. 그만큼 실질적인 필요에 의해 유입되는 고객이 많다는 것. 당장 아기 기저귀가 떨어졌다면 반드시 구매를 해야만 한다. 나중으로 미룰 수 없는 영역이다. 기존에 사용하던 제품을 사용하든, 좀 더 나은 제품을 찾아서 구매하든, 어쨌든 지금 반드시 '구매'를 해야만 하는 상황이 많다. 여기에 나뿐만 아니라 소중한 우리 아기, 반려동물에 대한 애정과 책임감이 가득한 상태에서 상세페이지에 유입되는 고객이 대부분이다. 이러한 상황과 심리를 전반적으로 잘 고려해야 한다.

내가 쓸 제품을 고르는 것에도 많은 고민이 따르지만, 어쩌면 나보다 더 소중한 존재가 사용할 물품이라면 선택에 더 많은 어려움이 따르기 마련이다. 혹시나 나의 잘못된 선택으로 인해 소중한 반려동물이나 우리 아이에게 좋지 않은 영향을 미칠까 선뜻 한번에 구매를 결정하기 쉽지 않다. 그렇기에 후기나 주위의 추천이 더더욱 중요시된다. 물건을 구매하기 전 반드시 먼저 검색한다. 검증된 제품, 전체적으로 평가가 좋은 제품을 선별하고 구매한다. 육아 반려동물 카테고리에서 커뮤니티의 평가가 특히나 중요한 이유이다. 검증된 제품을 미리 선별해 유입되는 경우가 많기 때문에 구매로 전환될 확률이 높아진다.

〈 그림 1〉 출산 유아동 카테고리

그렇더라도 커뮤니티 관리, SNS의 좋은 후기 생성하기 등의 사전 작업에만 골몰할 수는 없다. 결국 고객이 도착하는 곳은 상세페이지이다. 상세페이지에서의 마지막 결정타를 노려야 한다.

두 가지 모두를 공략하자. 아기와 반려동물의 만족감, 부모와 반려인의 만족감.

고객이 이 제품을 구매하면서 기대하게 되는 장면이 무엇일까. 단연 아기와 반려동물이 이 제품을 사용하는 사랑스러운 모습일 것이다. 이 제품이 아이들과 반려동물에게만 좋다면 조금 비싼 돈을 지불할지라도 아깝지 않다. 그렇다면 그러한 이미지를 최대한 많이 확보해야 한다. 우리아이나 반려동물의 사랑스러운 모습들. 결국 부모나 애견인들은 그 모습에 마음이 녹아내린다.

〈그림 2〉 아이들과 반려동물의 사랑스러운 모습, 만족스러운 변화를 보여주자.

더불어 반드시 놓치지 말아야 할 것은 이 카테고리의 타깃이 누구인지를 명확히 파악해야 한다는 점이다. 분명 아기와 반려동물 용품이지만 제품 구매를 결정하는 사람은 결국 부모와 반려인이다. 아이를 양육하고 동물을 돌보는 고객들의 마음을 사로잡아야 한다. 그들이 아이와 반려동물을 돌보면서 느꼈던 여러 어려운 상황들을 캐치하고 그 상황이 우리 제품을 사용함으로써 훨씬 더 개선될 수 있음을 보여준다. 아이와 반려동물이 제품을 사용하는 사랑스러운 모습과 함께 부모님과 반려인들이 편리하고 만족스럽게 제품을 사용하는 모습의 움짤들을 곳곳에 풍성하게 배치할 필요가 있다.

아기와 반려동물을 돌본다는 것은 어쩌면 삶과 생활 그 자체다. 공감의 영역이 가장 크게 작용한다. 그들이 이 소중한 존재를 돌보면서 느꼈을 법한 어려움들을 이미지화해서 직관적으로 보여주자. 그리고 그 어려움이 이 제품으로 인해 해소되는 이미지도 선명하게 제시하자. 아이를 목욕시키면서 안전하지 못한 제품 때문에 아이가 미끄러졌던 아찔한 경험 등 지금 당장 생각이 나지 않더라도 실생활에서 경험해 봤을 법한 문제 상황들을 세심하게 상기해 줘야 한다.

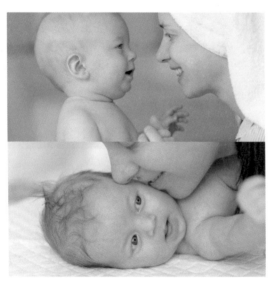

〈그림 3〉 부모님과 반려인의 만족스러운 모습과 상황도 표현하자.

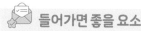

☆ **구매 결정 팁**

반려동물과 육아 카테고리이기 때문에 구매자의 입장에서 고려해야 할 요소가 더 많다. 구매자가 불안해하고 궁금해할 부분을 건드려서 전문 지식으로 풀어냄과 동시에 제품의 필요성과 장점으로 자연스럽게 연결할 수 있다. 정보를 제공하면서 제품의 특장점도 부각할 수 있다.

〈그림 4〉 정보를 제공함으로써 제품의 특장점과 자연스럽게 연결해 보자.

아이와 반려동물의 편안함과 안락함뿐만 아니라 구매 당사자인 부모님과 반려인의 만족감까지 고려해야 한다. 그러한 다면적인 요소들을 감안한 전문적인 지식을 풀어내자. 육아와 반려동물용품을 사용할 때 반드시 기억해야 할 부분들을 체크해 주고 자사의 제품이 그 모든 부분을 반영했다는 사실을 부각하자.

☆ 안정성 강조

연약한 아이들과 반려동물이 사용할 제품이기 때문에 안정성에 대한 검증이 상대적으로 더 중요하게 여겨진다. 어떤 재료를 사용했는지, 제작 공정은 청결한지 등의 부분을 사실적으로 이미지화해서 부각한다. 인증서와 수상내역들을 적극적으로 활용하는 것도 좋다. 약간은 자극적이더라도 과감한 실험을 통해 제품의 안정성을 입증하는 것도 효과적이다. 성인 장정 몇 명이 올라가서 뛰어도 안전한 아기용품과 같은 이미지를 만들어보자. 튼튼한 아기용품이라는 이미지 구축이 가능하다.

〈그림 5〉 각종 인증서와 높은 평점으로 신뢰를 주는 이미지

6

500만 원 아끼는
고퀄리티
상세페이지 직접 제작하는 법

. . .

돈을 들인 상세페이지 vs 돈 들이지 않은 상세페이지

'챕터 1-05 기획 없는 상세페이지는 버려라'에서 언급했듯, 상세페이지 제작 비용은 셀프 촬영을 이용한 블로그형 상세페이지부터 각종 협찬 사진과 인증서, 전문가의 콘텐츠로 채워 넣은 상세페이지까지 천차만별이다. 비용만 들이면 고퀄리티의 이미지와 디자인을 갖춘 상세페이지 제작은 얼마든지 가능하다. 한 가지 제품에 대해 확신이 있고 확실한 마케팅 지원이 가능하다면 '투자'하면 된다. 문제는 소상공인 입장에서 성공여부가 불확실한 제품에 대해 선뜻 그만큼의 투자를 하기가 쉽지 않다는 점이다.

게다가 상세페이지 제작 업체를 고용한다고 하더라도 제품에 있어서만큼은 제작자나 판매자가 훨씬 더 전문가인 경우가 대부분이다. 제품의 효과적인 상세페이지 전략을 주도적으로 기획하는 것 역시 제작자나 판매자의 몫이어야 한다. 제품의 어떤 부분을 강조하고 어떤 특장점을 내세울 것인지 결정하는 것 역시 제작자 혹은 판매자다.

이렇게 제품을 가장 잘 아는 사람이, 앞서 언급했던 제품 표현 전략을 익히고 약간의 콘텐츠 제작 능력만 갖춘다면, 비싼 제작 비용을 아끼고 내실 있는 상세페이지를 제작할 수 있다. 겉모습만 고퀄리티가 아닌 진정성 있는 내용으로 고객의 마음을 사로잡는 상세페이지 제작이 가능하다. 게다가 요즘엔 스마트폰이나 템플릿 플랫폼 등이 워낙 수준이 높고 다루기 쉽게 나와 있다. '잘 다룰 수 있는 기술'만 안다면 판매자 스스로도 수준 높은 상세페이지 제작하기가 어렵지 않다.

이 챕터에서는 판매자 스스로 고퀄리티의 제품 사진과 영상, 움짤을 만드는 방법과 망고보드 등의 템플릿을 이용해서 고품격 상세페이지를 만드는 방법에 대해 알아본다.

01

고퀄리티
제품 사진 찍는 법

요즘엔 망고보드 등 템플릿 사이트만 잘 활용해도 일반인이 전문 디자이너처럼 고퀄리티의 상세페이지를 제작하는 것이 가능하다. (망고보드 활용법은 챕터 6-03에서 자세히 소개하겠다) 워낙 템플릿 퀄리티가 좋고, 사진과 멘트 등만 바꿔도 상세페이지 이미지 하나가 뚝딱 만들어지기 때문에 얼마든지 셀프로도 수준 높은 상세페이지 제작이 가능하다.

하지만 높은 퀄리티의 템플릿을 활용해 상세페이지를 제작해도 내 상세페이지는 왜 아직도 어색하기만 할까. 아무리 봐도 아마추어 느낌만 난다. 이 경우 그 안에 채워져 있는 이미지 콘텐츠들의 퀄리티가 낮은 것은 아닌지 고민해야 한다.

사진만 좀 더 전문가 느낌이 나도록 촬영해서 배치해도 훨씬 더 품격 있는 상세페이지 제작이 가능하다. 특히나 디자인이 중요한 제품 카테고리에서는 사진의 퀄리티가 무엇보다도 더 중요하다. 템플릿을 이용하면 디자인적인 부분은 해결되겠지만, 사진은 처음부터 공들여 찍을 필요가 있다. 보정에도 한계가 있기 마련.

그렇다면 비전문가가 전문가처럼 제품을 촬영할 수 있는 방법은 무엇일까. 역시 철저한 기획과 벤치마킹에 답이 있다. 세심한 촬영기획 과정을 거쳐야 한다. 셀프 촬영을 하더라도 배경이 되는 장소와 소품, 장비나 기술의 퀄리티를 높여야 한다. 셀프 촬영을 주로 해야만 하는 상황이라면, 최대한 '많이 찍어 봐야만' 한다. 촬영할 때에는 최대한 많이 움직여야 한다. 많이 움직이며 많이 찍어 봐야 사진 실력과 함께 사진의 질이 올라간다.

〈그림 1〉 판매자 스스로 촬영 작가와 모델 역할을 모두 수행해야 하는 경우도 많다.

벤치마킹하기

본격적인 제품 촬영에 들어가기에 앞서 촬영 기획 과정을 먼저 거쳐야 한다. 제품의 경쟁상대 혹은 벤치마킹 대상들의 구도와 소품 등을 유심히 살핀다. 적어도 공략하려는 키워드의 경쟁 제품들보다는 사진의 퀄리티가 좋아야 한다는 생각으로 접근한다. 효과적인 벤치마킹 방법은 '챕터 3-03 벤치마킹에 답이 있다'를 참고하시길 바란다.

상품 페이지 못지않게 훌륭한 사진 콘텐츠를 만날 수 있는 곳. 인스타그램이나 핀터레스트 같은 SNS다. 인스타그램에 제품을 검색해 보면 무수히 많은 고퀄리티의 사진들이 등장한다. 게다가 인스타그램은 스마트폰 기반 SNS이기 때문에 대부분 스마트폰으로 찍은 사진일 가능성이 많다. 그렇다면 스마트폰만 있다면 우리도 그와 비슷한 퀄리티의 사진을 찍을 수 있다는 이야기. 우리 페이지에 적용해 볼 만한 고퀄리티의 사진을 찾아서 그 사진에 들어간 소품과 구도를 정리한다. 비슷한 소품이 있다면 활용해도 좋고, 없다면 구매를 해도 된다. 혹은 촬영 스튜디오를 대여할 수도 있다. 촬영스튜디오에는 웬만한 촬영 소품들이 구비되어 있으므로 활용하면 좋다.

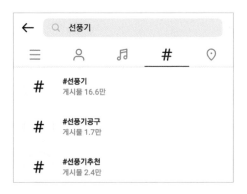

〈그림 2〉 인스타그램에 검색하면 해시태그별로 나오는 사진을 참고할 수 있다.

더불어 식품 카테고리 사진은 마켓컬리 페이지를 참고해 보자. 촬영하기 난해한 식품이나 농산물들도 어떤 소품과 함께 배치하고 어떤 구도로 촬영하면 보다 더 고급 제품으로 보일 수 있는지 참고할 수 있다.

인테리어 가구 등 제품은 '오늘의 집' 콘텐츠를 유심히 살펴보자. 가구 인테리어 상품 페이지가 워낙 특화되어 잘 구현되어 있을 뿐 아니라 리빙과 집꾸미기에 소질이 많은 사용자들의 작품도 참고할 만하다. 리빙과 집꾸미기에 관심이 많은 사용자들은 공간과 제품을 좀 더 돋보이게 만드는 사진 찍기에도 관심이 많고 실력도 좋은 편이다. 참고할 만한 콘텐츠들이 많다.

〈그림 3〉 마켓컬리

〈그림 4〉 오늘의 집

어디에서도 벤치마킹할 대상을 찾기 어렵다면, 역시 와디즈 페이지가 최선이다. 와디즈에는 상세페이지에 고퀄리티의 사진 이미지는 물론 기발한 사진이나 콘텐츠들도 많아서 참고하기 좋다. 상세페이지를 제작하기 전 꼭 한번쯤 와디즈에 제품을 검색해 보자.

〈그림 5〉 와디즈

조명

사진은 빛의 예술이다. 사진 촬영에 있어 조명과 빛을 빼놓고 이야기할
수 없다. 하지만 일반인이 빛을 섬세하게 이용해서 고퀄리티의 사진을
촬영한다는 것은 쉽게 접근하기 어려운 영역이다. 전문가용 조명으로
빛의 각도를 조절해서 촬영할 수 있다면 가장 좋겠지만, 아마추어 입장
에서 조명까지 섬세하게 조절하며 촬영을 하기 쉽지 않다. 그럼에도 요
즘에는 스마트폰 카메라만 있으면 특별히 좋은 장비를 갖추지 않아도 높
은 퀄리티의 사진을 촬영할 수 있다. SNS상의 수많은 고품격 제품 사진
역시 스마트폰으로 촬영되는 경우가 많고, 실제로 상세페이지의 많은
제품사진이 스마트폰으로 촬영되고 있다.

하지만 스마트폰으로 사진을 찍더라도 누가 무엇을 어떻게 찍느냐에
따라 결과물은 천차만별. 그 차이는 역시 많은 부분 '빛'이 차지한다.

사진의 외형을 만들어내는 것은 빛이다. 결국 사진은 빛의 화학적 반응이나 전기적 변화를 인화지 위 또는 컴퓨터 영상으로 기록하는 행위이다. 따라서 피사체에 비쳐지는 빛을 읽을 줄 알고, 이를 놓치지 않아야 한다. 비록 흐린 날이나 실내에서도 빛은 언제나 움직이고 있다는 사실을 인지해서 알맞은 광선을 찾아내는 능력을 길러야 한다.

[네이버 지식백과] 사진촬영 [shooting, 寫眞撮影] (두산백과 두피디아)

〈그림 6〉 자연광 활용해서 촬영한 사진

사진에서 고려해야 할 다양한 조명과 빛의 요소가 있지만, 쉽게 접근하기 어렵다면 자연광을 적극 활용해 보자. 세상 어떤 비싸고 좋은 조명보다도 훌륭한 조명, 자연광을 세심하게 활용한다면 훨씬 더 좋은 퀄리티의 사진을 촬영할 수 있다. 주로 제품 촬영을 하는 장소가 집 안이라면, 집 안에서 자연광이 가장 잘 들어오는 곳을 홈스튜디오로 꾸민다. 흰 테이블 하나 정도 두고 전용 스튜디오를 만들어도 좋다.

직사광선은 가급적 피한다. 직사광선은 밝고 어두움의 대비가 큰 편이다. 실내의 부드러운 반사광을 활용해 보자. 빛이 너무 강하다면 테이블을 이동해서 빛이 간접적으로 들어오는 위치를 찾고, 커튼 등을 활용해서 빛을 한 겹 가려 주는 것도 좋다. 시간대에 따라 빛의 양과 방향이 달라지므로 어느 시간대에 가장 흡족한 사진이 나오는지 기억해 두자.

자연광이 잘 들어오는 위치를 정했으면 제품이 바뀌더라도 그 위치에서 쉽게 사진을 촬영할 수 있다. 배경지와 소품을 바꿔 가며 제품마다 사진의 느낌을 바꿔 줄 수도 있다. 때로 빛 한 줄기, 그림자 몇 가닥으로 사진의 퀄리티가 올라갈 수 있다. 밝음과 어두움의 대비가 공간감을 느끼게 한다. 배경지를 이용해서 사진에서 색감의 대비를 나타내는 제품 사진처럼 그림자를 이용해 사진에서의 빛과 그림자의 대비를 보여줄 수도 있다.

〈그림 7〉 자연광과 그림자를 활용한 사진

자연광 아래에서 촬영하기 힘든 환경이라면 조명을 사용해야 한다. 전문 조명을 이용해서 촬영하기 어렵다면 집에 있는 스탠드에 거름종이 하나를 덧대어 촬영할 수도 있다. 스탠드의 방향을 이리저리 움직여서 그림자와 빛의 위치를 설정한 후 촬영한다.

 촬영장소

💬 홈스튜디오

집에서 촬영한다면 자연광이 잘 들어오는 창가에 커튼을 이용해 빛을 조절해 가면서 셀프 스튜디오를 만들어두는 것이 좋다. 제품군에 따라 주로 사용되는 소품들도 구비해 두자. 간단한 조화나 배경지 한 장으로도 사진의 질이 달라진다. 식품 카테고리를 운영한다면, 예쁜 식기나 커트러리 정도는 구비되어야 한다. 어떤 그릇에 담기느냐에 따라 제품의 퀄리티도 함께 달라진다.

온라인 판매는 결국 보이는 것이다. 오감을 이용해 직접 만져 보고 체험해 본 후 구매하기 어렵다. 그만큼 사진 이미지가 중요하고, 제품을 어떻게 보이게 하느냐가 중요하다. 다양한 소품을 활용해서 제품의 품격을 한껏 업그레이드시켜 보자.

〈그림 8〉집에 있는 소품을 최대한 활용해 다양한 사진을 찍어 보자.

집 안에서 촬영을 한다면, 자체적으로 만들어놓은 셀프 스튜디오 이외에 집안 곳곳에 제품을 두고 사진을 찍는 방법도 좋다. 다양한 상황에서 제품이 사용된다는 것을 보여주는 이미지를 제작할 수 있다. 예를 들어 무선선풍기라면, 거실에서 아이 방에서 침실과 주방 등 집안의 다양한 장소에서 활용되는 모습을 촬영하고 보여줌으로써 가격대비 다양하게 사용되는 제품이라는 인식을 심어 주며 가성비를 강조할 수 있다.

💬 촬영스튜디오

집 안 사정이 여의치 않다면 촬영 스튜디오를 활용하는 것도 방법이다. 시중에는 저렴한 가격으로 촬영할 수 있는 스튜디오들이 많다. 유료 스튜디오 예약 후 다양한 제품들을 하루에 몰아서 촬영하는 것도 좋다. 스튜디오에는 보통 다양한 촬영도구와 소품들이 구비되어 있으므로 초보자도 좋은 퀄리티의 사진을 촬영하기 어렵지 않다.

〈그림 9〉 촬영 스튜디오 활용하기. 별내거상센터

💬 네이버 파트너스퀘어

네이버에서 운영하는 네이버 파트너스퀘어를 활용할 수도 있다. 2023년 현재 서울에는 역삼, 종로, 홍대에 위치해 있고 부산, 광주에도 파트너스퀘어가 있다. 촬영 및 녹음에 도움을 받을 수 있는 전문가 서비스를 비롯해 촬영 녹음 장비, 소품 등을 제공한다. 스튜디오는 한 달에 최대 2회, 1회당 최대 4시간 사용이 가능하다.

〈그림 10〉 네이버 파트너스퀘어 예약

 ## 스마트폰으로 고퀄리티 사진 찍기

초보일수록 장비발을 무시할 수 없다. 사진에 정말 자신이 없다면 성능 좋은 카메라를 대여해서 사용 방법을 익힌 후 촬영에 들어가는 것도 방법이다. 좋은 카메라는 어떻게 찍어도 고퀄리티의 사진을 구현하기 어렵지 않다. 인터넷을 검색해 보면 DSLR 대여하는 업체도 많다. 구입하기 부담스럽다면 대여해서 촬영하는 것도 괜찮다. 하지만 요즘 스마트폰 카메라의 성능이 굉장히 좋아지고 있기 때문에, 스마트폰 촬영 방법만 잘 익혀도 충분히 고퀄리티의 사진을 찍을 수 있다. 이 책에서는 갤럭시 스마트폰을 기본으로 설명하도록 한다.

💬 렌즈 깨끗이 하기

스마트폰으로 사진을 찍기 전, 가장 기본적이지만 중요한 과정 중의 하나가 렌즈 잘 닦기이다. 안경 닦는 천 등을 활용해 먼지 없이 선명한 상태의 렌즈 상태를 유지한다. 또는 알콜이 묻어 있는 소독티슈를 활용해서 렌즈를 닦아주고 알콜이 날아가도록 하는 방법도 효과적이다. 사진이 뿌옇고 퀄리티가 좋지 않은 경우 의외로 렌즈가 깨끗하지 않은 것이 원인인 경우가 많다. 또한 가급적 후면 카메라를 활용해 촬영하는 것이 좋다. 스마트폰의 셀프카메라 렌즈보다 후면 카메라의 렌즈가 성능이 더 좋은 경우가 많기 때문이다.

〈그림 11〉 후면 카메라 활용해서 촬영

✪ 수평 수직 맞추기

촬영 시 수평과 수직을 맞추는 것 역시 기본이자 필수다. 처음부터 너무 균형이 맞지 않는 사진은 보정 어플 등을 활용해 수평 수직을 맞추더라도 어색한 사진이 되는 경우가 많다. 힘들게 찍은 사진을 사용하지 못하고 다시 촬영해야 하는 상황이 생길 수도 있다. 기본이 가장 중요하다. 스마트폰에서 격자를 지정하면 수평과 수직을 맞춰 사진을 촬영하기 쉽다. 촬영 화면에서 설정 버튼을 누르고, 수직/수평 안내선 메뉴를 켜면 된다.

〈그림 12〉 수평/수직 안내선 맞추기

격자를 지정한 후에는 격자 칸의 가운데에 사물을 두거나, 교차점에 사물을 둔다. 가로 세로 3등분선 교차점에 피사체를 위치하도록 한다. 사진이 훨씬 더 정돈되고 깔끔해 보인다.

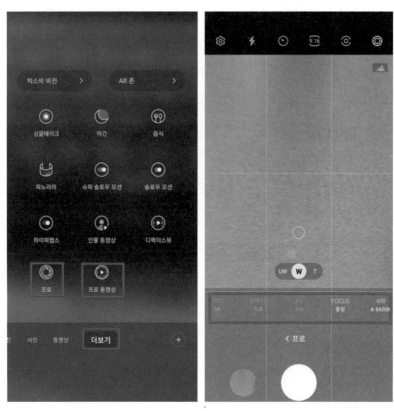

〈그림 13〉 프로, 프로동영상 모드 설정하기　　〈그림 14〉 프로 모드 메뉴

⭐ 프로모드 활용하기

특히 갤럭시의 경우 프로모드를 활용하면 좀 더 좋은 퀄리티의 사진을 촬영할 수 있다. '더 보기' 메뉴에서 '프로' '프로동영상'으로 들어가면 세세한 사진의 설정을 조정할 수 있다. 프로모드에서는 ISO와 셔터스피드, 포커스와 화이트밸런스 등을 수동으로 조절할 수 있다. 빛과 상황에 따라 알맞은 설정을 촬영하는 사람이 스스로 설정할 수 있어서 좋다.

ISO는 이미지 센서가 빛을 받아들이는 민감도를 말한다. 값이 작을

수록 사진은 어두워도 이미지가 비교적 깨끗하게 나온다. 수치가 올라갈수록 적은 빛으로 촬영이 가능하지만 이미지가 좀 덜 깨끗한 경향이 있다.

셔터스피드는 셔터가 열려 있는 시간을 말한다. 열려 있는 시간 대비 들어오는 빛의 양이 달라진다. 셔터가 짧게 열려 있으면 빛이 조금 들어가고, 셔터가 오래 열려 있으면 빛이 많이 들어간다고 보면 된다. 1/12000 정도면 빛이 조금 들어가므로 사진이 어둡고, 30 정도면 빛이 들어가는 시간이 길어지므로 사진이 밝다. 다만 셔터스피드를 조절해서 빛이 밝아지면 그만큼 사진이 흔들릴 가능성이 높아지니 주의하자.

그 외에 포커스를 수동으로 조절해서 제품에 포커스를 맞추고 배경을 흐릿하게 만드는 효과로써 제품을 강조할 수도 있다. 화이트밸런스를 조절해서 사진의 색감을 조절하는 방법도 있다. 상황에 따라 다양하게 스마트폰 카메라 기능을 조절해 보면서 최적의 카메라 상태를 만들어 보자.

 촬영하기

모든 촬영 소품과 장비 세팅이 완료되었다면 본격적으로 촬영에 들어갈 차례. 좋은 사진을 찍으려면 촬영하는 사람이 무조건 많이! 다양하게! 움직여야 한다. 전문 스튜디오 촬영장소에 가보면 전문 사진기사님들이 엄청나게 넓은 반경에서 '움직이는' 모습을 쉽게 발견할 수 있다. 엎드려서 사진을 찍기도 하고 높은 곳에 올라가서 촬영을 하기도 한다. 전문가도 그런 정도의 노력을 기울이는데, 아마추어가 좋은 사진을 찍기 위해서는 훨씬 더 많이 움직여야 하고, 훨씬 더 많은 사진을 찍어야 한다. 사진 촬영이 체력적으로 힘이 많이 드는 이유이기도 하다. 최대한 많이 움직인다는 각오로 촬영에 임해야 한다.

어디에서 어디까지를 보여줄 것인지를 결정하는 것도 중요하다. 전체적인 그림을 보여줄 것인지 피사체만 중점적으로 보여줄 것인지 다양한 프레임을 잡고 촬영한다. 가급적 주제는 명확히 하고 배경을 단순하게 만든다. 배경지를 활용해서 색감대비를 활용해 피사체를 강조할 수도 있다.

〈그림 15〉 다양한 소품을 활용한 사진

적절한 소품을 활용하는 기술도 빼놓을 수 없다. 때로 비싼 명품 소품을 제품과 함께 배치해서 제품의 퀄리티도 함께 올라가는 듯한 효과를 내기도 한다. 다만 직접 촬영해 보기 전까지는 어떤 소품이 어떤 그림과 조화를 보여줄지 알 수 없으므로 먼저 찍어본 사람들의 사진을 참고하는 것이 가장 좋은 방법이다. 벤치마킹 방법을 활용해서 촬영하려는 제품과 가장 잘 어울리는 소품을 준비하고 다양하게 배치해서 촬영하자.

제품 사진을 촬영할 때 가장 기본적으로 들어갈 컷은 제품 컷이다. 다양한 각도에서 제품을 돋보일 수 있는 제품 컷을 풍성하게 촬영하자. 고객이 직접 제품을 만져 보는 것처럼 다양한 각도에서 다양한 제품의 디테일들을 포착한다.

〈그림 16〉 다양한 제품 컷

제품 컷과 함께 필요한 것이 다양한 사용법과 관련된 사진이다. 제품을 어떤 방식으로 활용하면 좋을지 다양한 사용 방법을 보여준다. 사용하는 손 모양을 함께 찍어주는 것도 좋다. 활용하는 모습을 보면서 고객이 실생활에서 제품을 활용하는 장면을 상상하기 쉽도록 실제적이면서도 고퀄리티의 사진을 많이 확보하자.

〈그림 17〉 다양한 제품 활용 컷

 보정 어플 활용하기

스마트폰 어플 중에서 사진의 퀄리티를 높여 주는 보정 어플이 많다. 보정 어플만 잘 활용해도 망친 사진을 살릴 수 있다.

　다양한 어플들이 많지만, 기본 보정 어플로 snapseed를 추천한다. 수평 수직의 디테일한 보정이 가능하다. 사진의 색감이나 밝기, 채도 등을 세심하게 조정해 줄 수 있다는 점도 좋다. 잡티 제거 기능을 활용해 불필요한 잡티를 깨끗하게 제거할 수도 있다.

　우선 메뉴의 '기본보정.' '커브' 기능을 활용하면 사진의 밝기, 채도,

〈그림 18〉 스냅시드

대비 등을 쉽게 조절할 수 있다. 특히 커브 기능을 활용하면 화면에 나와 있는 선을 이리저리 옮겨가면서 최적의 상태를 찾을 수 있다. 그리고 '원근왜곡' 기능은 수평 수직과 균형이 전혀 맞지 않아서 도저히 사용할 수 없을 것 같은 사진도 '왜곡'의 방법을 이용해서 수평 수직을 맞춰 준다. 사진을 이리저리 늘리고 줄이면서 균형을 맞출 수 있다.

 협찬, 외주업체 활용하기

본인 촬영이 어렵다면 최소한의 비용으로 제품 사진을 잘 찍어줄 사람을 뽑는 방법도 고려해 볼 만하다. 프리랜서 전문가들이 모여 있는 크몽 사이트에서 저렴한 가격으로 고퀄리티의 사진을 촬영해 줄 수 있는 전문가를 찾는다.

〈그림 19〉 프리랜서 마켓 크몽

혹은 SNS 인플루언서에 의뢰하는 것도 방법이다. 인스타그램상에는
제품 사진 전문가가 상당히 많다. 상세페이지에 들어갈 사진 전체의 양
을 원하는 만큼 받기 어려울 수는 있으나 고퀄리티의 사진을 다양하게
확보하기에 용이하다. 먼저 제품 카테고리나 제품명으로 검색해서 사진
퀄리티가 좋은 계정을 찾는다. DM을 보내서 소정의 원고료를 지원하고
원하는 컷들을 제시한다. 인플루언서의 경우 본인의 SNS 계정에 업로
드해 줄 수도 있으므로 홍보효과도 함께 기대할 수 있다.

02 눈길을 사로잡는 움짤 제작하기

움짤이란 움직이는 짤방의 줄임말로 움직이는 사진, 그림 등을 의미한다. 움직임을 표현하기 위해 사용되며 대개 GIF 형식을 띤다. 움직이기 때문에 영상 같아 보이지만 동영상은 아니다. 따라서 스마트스토어 상세 설명할 때에도, 동영상이 아닌 사진 메뉴로 움짤을 불러와서 입력해야 한다.

통상적으로 10MB 이내, 5초 이내의 움짤을 만드는 것이 좋고 소리는 삽입이 불가능하다. 인터넷 속도가 빠르지 않던 시절에는 상세페이지에서 움짤을 찾아보기 쉽지 않았다. 로딩하는데 시간이 너무 많이 소요되고, 그 사이 고객은 이탈하기 쉬웠기 때문. 하지만 이제, 움짤 로딩 속도 정도는 전혀 문제가 되지 않는 시대가 됐다.

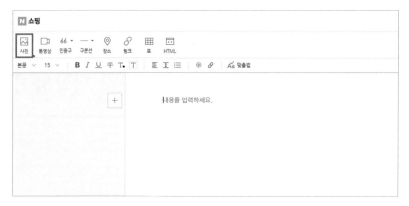

〈그림 1〉 상세 설명 화면 움짤 등록하기

문제는 움짤에 무엇을, 어떻게 담아낼 것인가 하는 것. 움짤을 최대한 효과적으로 활용해서 고객의 눈길을 사로잡아야 한다. 의미 없이 스크롤을 쭉쭉 내리다가도 움직임이 있는 사진이 하나 등장하면 눈길을 멈추게 마련이다. 어떻게든 고객의 눈길을 사로잡아 발길을 머물게 해야 하는 상세페이지에서, 움짤은 이제 가장 주요한 표현 수단이 됐다.

움짤의 효과

요즘 상세페이지에서는 움짤이 점점 더 많이 사용되는 추세다. 상세페이지에서 최대한의 펀딩을 이끌어내야 하는 와디즈의 경우 움짤이 한 페이지에 수십 개 넘게 들어가는 경우도 많다. 상세페이지에서 움짤의 삽입은 어떤 효과를 가져올까.

우선 움짤은 제품의 특장점을 극대화해 줄 수 있는 장점이 있다. 가장 임팩트 있게 제품의 강력한 장점을 움직이는 사진 이미지로 보여준

다. 정적인 사진들 사이에서 움직이는 사진은 지켜보는 사람으로 하여
금 눈길을 머물게 하는 효과가 있다. 당연히 여러 사진들 사이 움짤은
'강조'의 효과가 생긴다. 자사가 가장 강조하고 싶은 제품의 특장점을 상
세페이지에서 부각시킬 수 있는 가장 효과적인 방법이 움짤인 이유다.

〈그림 2〉 제품 사용 방법을 표현한 움짤

그렇다면 동영상을 많이 넣는 것과 움짤을 삽입하는 것 사이에는 무
슨 차이가 있을까. 움직이는 이미지라면 당연히 동영상을 떠올리는 경
우가 많겠지만, 상세페이지에서라면 이야기가 달라진다. 온라인스토어
에서는 고객의 이탈율이 굉장히 높은 편이다. 고객에게 요구되는 행동
은 '구매'버튼을 누르거나 '찜'등록을 하는 정도면 충분하다. 동영상을 직
접 클릭한다든지, 클릭 후 로딩을 기다린다든지, 긴 동영상 중에서 내가
원하는 장면이 나오기를 기다린다든지 하는 등의 행동까지는 기대하기
어렵다. 번거롭거나 지루해지면 고객은 이탈한다. 고객의 눈길을 최대
한 효과적으로 사로잡을 수 있는 방법. 단연 동영상보다는 움짤이다. 움
짤은 재생버튼을 굳이 누르지 않아도 자동으로 재생된다. 고객의 능동

적인 행동을 기다리지 않아도 우리가 원하는 이미지를 충분히 고객에게 노출할 수 있다. 우리가 가장 노출하고 싶은 제품의 이미지를 가장 눈에 잘 띄는 형태로 보여줄 수 있는 방법인 것.

움짤을 사용하면 체류시간 또한 늘어난다. 사진과 글은 '정적'인 표현 방법이다. 특별히 임팩트 있는 내용이 아닌 이상 쉽게 스크롤을 내리게 된다. 하지만 움짤에는 본능적으로 눈길이 간다. 정적인 이미지 사이에 움직이는 이미지. 조금이라도 관심이 더 갈 수밖에 없다. 눈길이 머무는 임팩트 있는 콘텐츠에서 고객은 제품에 대한 강한 인상을 받게 된다. 더불어 스크롤을 잠시 멈춰 움짤을 살펴보는 사이 체류시간도 함께 자연스레 늘어난다. 길어진 체류시간은 검색 SEO 중 인기도 부분에 좋은 영향을 미칠 수 있다. 이처럼 움짤은 상세페이지에서 가장 효과적으로 고객이 보고 싶은 부분을 보여줄 수 있는 방법이다. 짧고 임팩트 있게 잘 만들어진 움짤로 고객의 마음을 사로잡아 보자.

 움짤 만드는 방법

움짤을 만드는 방법은 생각보다 간단하다. 아마추어도 어렵지 않게 훌륭한 움짤을 만들어 제품의 특장점을 부각할 수 있다. 다만 짧고 임팩트 있는 영상을 만들어야 한다는 사실을 항상 염두에 두고 움짤을 제작해야 한다. 처음부터 끝까지 천천히 느릿느릿 제품을 소개하는 움짤은 삽입하지 않는 것만 못하다. 펜이 얼마나 부드럽게 잘 나오는지 움짤로 보여주려 하는데, 택배 상자를 느릿느릿 여는 장면부터 시작하면 고객은 바로 스크롤을 내린다. 정말 중요한 부분만 보여주자! 최대한 짧고 임팩트 있게 제품의 특징을 포착하는 것이 관건이다.

훌륭한 영상이나 사진을 찍었다면, 이제 움짤로 변환할 차례. 움짤을 만드는 쉬운 기능적인 방법 몇 가지를 소개한다.

✪ 갤럭시 노트 자체 기능 활용하기

특별한 프로그램을 사용하지 않아도, 갤럭시 노트의 자체 기능을 활용해 움짤을 제작할 수 있다.

01 갤러리에서 움짤로 변환하고 싶은 동영상을 선택한다.

02 하단의 점 세 개를 클릭한다.

03 메뉴의 비디오 플레이어에서 열기를 선택한다.

04 비디오 플레이어에서 영상 재생 후 한번 화면을 터치해서 나오는 왼쪽 상단 GIF를 클릭한다.

05 움짤로 만들고 싶은 부분과 배속, 재생 방향 등을 설정한다.

06 상단의 '저장' 버튼을 누르면 움짤 완성.

⭐ 키네마스터에서 움짤 만들기

대표적인 편집 어플인 키네마스터에서도 쉽게 움짤을 제작할 수 있다.

01 키네마스터에서 만들고자 하는 움짤 부분을 편집한다. (필요에 따라 자막이나 화면전환 등 효과를 넣을 수도 있다.)

02 영상 제작 후 오른쪽 상단의 저장 및 공유 버튼을 누른다.

03 저장 및 공유 화면에서 해상도 부분의 스크롤을 내려서 GIF 항목을 선택한다.

04 하단의 GIF로 저장 버튼을 눌러 움짤을 완성한다.

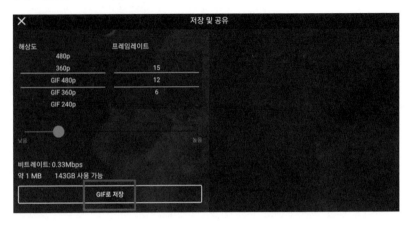

✪ ezgif 프로그램 활용하기

pc상에서도 ezgif 사이트를 통해서 간단하게 움짤을 제작할 수 있다.
먼저 사진 몇 장으로 움짤 만드는 방법은,

01 https://ezgif.com/ 사이트에 접속한다.

02 상단의 GIF Maker 메뉴를 클릭한다.

03 '파일선택' 버튼을 눌러 움짤로 제작하고 싶은 사진들을 불러온다.

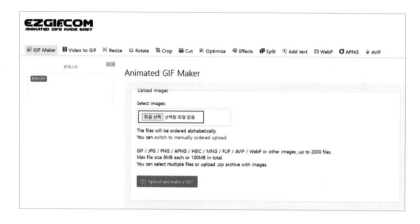

04 Upload and make a GIF! 메뉴를 클릭한다.

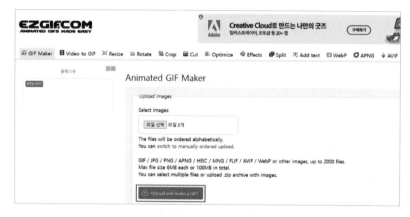

05 움짤에서 사진이 지속되는 시간인 Delay 시간을 설정한 후 Make a GIF! 메뉴를 클릭한다.

06 완성된 움짤을 확인한 후 하단의 SAVE 버튼을 눌러서 GIF를 저장한다.

이번엔 완성된 동영상을 움짤로 만드는 방법이다.

ezgif 사이트에서 동영상 중 원하는 부분만 선택해 움짤로 제작할 수 있다. 단, 업로드하고자 하는 동영상의 용량은 100MB를 넘길 수 없다.

01 https://ezgif.com/ 사이트에 접속한다.

02 상단의 Video to GIF 메뉴를 클릭한다.

03 '파일선택' 버튼을 눌러 움짤로 변환시키고자 하는 동영상 파일을 불러온다.

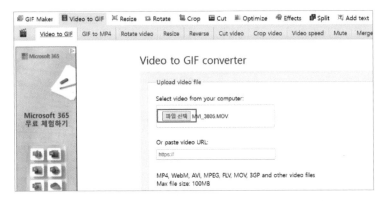

04 Upload video! 버튼을 눌러 업로드한다.

05 업로드된 동영상 중 움짤로 만들고 싶은 부분만 선택해서 시간을 지정한다.

06 움짤로 제작할 부분을 모두 지정했으면 Converto to GIF 버튼을 눌러 완성된 움짤을 확인한다.

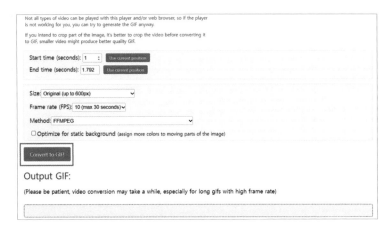

07 완성된 움짤을 확인하고 PC에 저장한다.

03

망고보드
효과적으로 활용하기

큰돈을 들이지 않고도, 포토샵을 몰라도 전문 디자이너가 디자인한 듯한 퀄리티 좋은 상세페이지를 셀프로 만들 수 있는 방법. 망고보드와 같은 디자인 플랫폼을 활용하는 것이다. 사진만 바꾸고 글자체만 바꾸면 간편하게 고퀄리티의 상세페이지를 만들 수 있다.

하지만 같은 템플릿 사이트를 사용하더라도 어떻게 활용하느냐에 따라서 결과는 천차만별. 템플릿의 종류도 너무나 다양해서 도무지 어떤 템플릿을 선택해야 할지부터 감이 잡히지 않는다. 어떤 템플릿이 내 제품을 효과적으로 표현해 줄 수 있을지 확신이 서지 않는다. 분명히 같은 템플릿을 활용했는데도, 상세페이지의 퀄리티가 이상하게 떨어지는 듯한 느낌이 들기도 한다. 템플릿 사이트도 효과적으로 활용하는 방법이 있다.

실제로 망고보드를 활용해 상세페이지를 하나하나 만들어가는 과정을 통해 누구나 고퀄리티의 상세페이지를 만들 수 있는 방법에 대해 다뤄보고자 한다.

 ## 망고보드 템플릿 편집 시작하는 법

01 망고보드 사이트에 접속해서 상단의 템플릿을 클릭한다.

02 왼쪽 메뉴의 상세페이지를 체크하고, 상세페이지 전체가 포함되어 있는 템플릿을 선택하거나, 원하는 구성요소별 상세페이지를 체크한다.

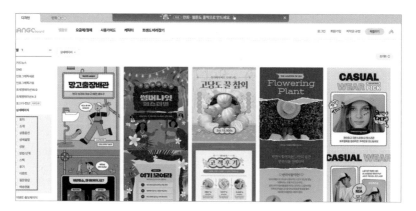

03 원하는 템플릿을 선택했으면, '이 템플릿 편집하기'에 들어가서 편집을 시작한다.

 원하는 템플릿 추가하기

구성요소 전체가 포함되어 있는 템플릿을 선택한 후에도 그 안에 다른 디자인의 템플릿을 추가할 수 있다. 예를 들어 리뷰 템플릿을 선택하고 싶다면, 왼쪽 상단의 검색창에 '리뷰'를 검색한다. 요소, 템플릿, 동영상, 픽사베이의 메뉴 중에 '템플릿'을 선택하고, 원하는 템플릿을 고르면 된다.

이때 그냥 해당 템플릿을 선택할 경우, 원래 있던 템플릿에 덮어쓰기가 될 수 있으므로, 먼저 기존 템플릿의 오른쪽에 위치해 있는 플러스 버튼을 눌러 빈 슬라이드를 하나 추가해 준다. 그리고 나서 추가로 원하는 템플릿을 선택하면 기존에 있던 세트에서 내가 원하는 템플릿을 하나 더 추가할 수 있다.

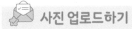

망고보드 템플릿 안에 제품의 사진을 추가하려면,

01 먼저 왼쪽 메뉴 중 '업로드' 버튼을 클릭한다.

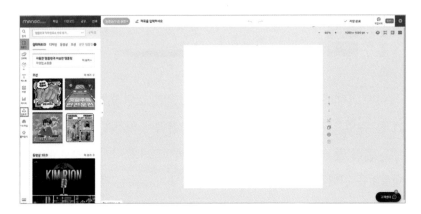

02 왼쪽 상단의 '파일 업로드' 버튼을 누른다.

03 원하는 사진 파일을 불러온다.

04 왼쪽에 불러오기 된 사진을 선택해서 편집한다.

이제 제품의 매력과 특장점을 가장 잘 보여줄 수 있는 카피를 작성할 차례. 망고보드에서 텍스트를 입력하려면,

01 먼저 왼쪽 메뉴 중 T 텍스트를 선택한다.

02 원하는 텍스트를 선택한다. 망고보드에는 전체 텍스트, 디자인 텍스트, 워드아트 텍스트 등 다양한 텍스트 디자인이 있으니 제품의 특징을 잘 표현해 줄 수 있는 텍스트 디자인을 선택해서 템플릿에 추가한다.

03 텍스트를 더블 클릭해서 원하는 카피를 입력한다.

04 폰트나 크기 등은 왼쪽의 텍스트 메뉴에서 변경할 수 있다.

상세페이지를 제작하다 보면 제품을 보다 더 자세하고 깨끗하게 보여줄 수 있는 배경을 제거한 제품 사진을 자주 사용하게 된다. 이렇게 원본 이미지의 피사체로부터 배경을 분리하기 위해 피사체의 외곽선을 따는 것을 '누끼' 혹은 '누끼 따기'라고 한다.

이전에는 포토샵 등 프로그램을 이용한 섬세한 작업이 요구되었지만, 망고보드에서는 제품의 누끼 컷을 쉽게 만들 수 있다.

01 먼저 누끼를 따야 하는 제품 컷을 업로드한다.

02 업로드한 사진을 다시 한 번 클릭해서 지정해준 후 왼쪽 메뉴의 '배경제거' 버튼을 누른다.

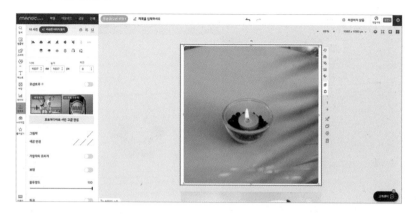

03 배경제거 화면에서 왼쪽 메뉴 '배경 제거 실행' 버튼을 누른다.

04 배경 제거가 완료되었으면 왼쪽 상단 화살표 '돌아가기' 버튼을 눌러 본래 화면으로 돌아간다.

05 배경 제거된 제품 사진을 가지고 여러 가지 이미지를 재생산할 수 있다.

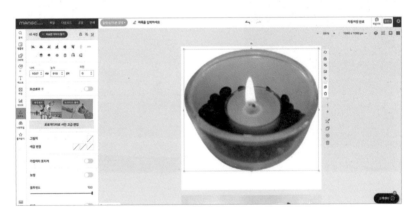

상세페이지를 제작할 때마다 수많은 폰트들을 살펴보고 제품에 어울리는 폰트를 선택하는 것만 해도 많은 시간과 노력이 소요된다. 따라서 우리 스토어에 적합한 폰트를 미리 정해 두고 그 폰트를 꾸준히 사용해 주는 것이 때로는 스토어의 브랜딩에도 도움이 된다. 상세페이지를 제작하는 시간이 줄어드는 것은 물론이다. 대제목에는 어떤 폰트를 쓸 것인지, 폰트의 크기는 어느 정도로 할 것인지, 소제목은 어떤 폰트를 사용하고 크기는 어느 정도로 할 것인지를 미리 정해 두면 훨씬 더 효율적으로 상세페이지를 작성할 수 있다.

또한 카피를 작성하면서 강조하고자 하는 글씨 크기만 조금 더 크고 두껍게 하는 것만으로도 충분히 눈에 띄는 고급 이미지를 만들어낼 수 있다. 크고 대단한 디자인 실력이 필요한 것이 아니다. 제품에 대한 날카로운 분석과 진심이 담겨 있다면, 글자 크기를 바꾸는 작은 디테일만으로도 고객의 눈길과 마음을 사로잡을 수 있는 훌륭한 상세페이지가 탄생할 수 있다.

〈그림 1〉 글씨 크기 변화만으로도 내용을 강조할 수 있다.

제품 사진을 상세페이지에 넣고, 그 옆에 눈에 띄는 카피를 넣는 방식만으로도 깔끔하면서도 고급스러운 디자인 표현이 가능하다. 이때 망고보드의 '가장자리 흐리게' 기능을 활용하면 좋다. 업로드한 사진을 불러온 후 사진을 클릭해 지정처리를 한 번 더 해주고, 왼쪽 메뉴 중에 '가장자리 흐리게' 기능을 사용하면, 사진의 전체 방향 중에 흐리게 하고 싶은 부분을 지정할 수 있다. 사진의 한쪽 부분을 흐릿하게 하고 그 부분에 감각적인 폰트의 센스 있는 문구를 배치하는 것만으로도 고급스러운 상세페이지 이미지가 탄생한다.

〈그림 2〉 가장자리 흐리게 기능

사진의 크기를 조정할 때에는 '대각선으로' 크기를 조절하는 것이 좋다. 양쪽 혹은 위 아래로 사진의 크기를 움직이다 보면 사진의 비율이 망가지고 균형에 잘 맞지 않는다. 비율과 균형이 맞지 않은 사진은 제품을 아마추어처럼 보이게 만든다. 사각형 사진의 꼭지점을 중심으로 사진 크기를 조절해서 열심히 촬영한 사진의 비율이 망가지는 일이 없도록 주의하자.

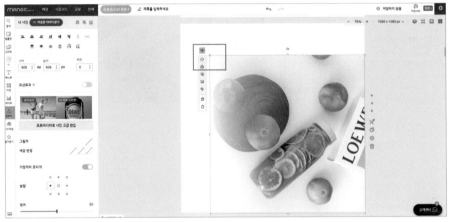

〈그림 3〉 대각선으로 사진 크기 조절

하나의 상세페이지 안에 너무 다양한 색감이 들어가는 것도 보는 사람으로 하여금 혼란스러움과 어지러움을 야기한다. 다소 고급스럽지 않다는 느낌이 들기도 한다. 이때 사진에 사용된 비슷한 색감을 사용함으로써 알록달록한 색 조합에서 오는 혼란스러움을 피할 수 있다. 망고보드의 스포이드 기능을 이용해 보자. 사진이나 상세페이지 템플릿에서 사용됐던 색을 그대로 따옴으로써 비슷한 색감에서 오는 세련된 이미지를 기대할 수 있다.

〈그림 4〉 스포이드 기능 이용하기

7

랜딩페이지

그리고 구매전환율을 최대로 높이는 상세페이지 전략

. . .

오래된 마케팅 이론 중에 4P가 있다. 화려함을 강조하는 요즘이기도 하거니와 워낙 다양한 관점이 새로 생기다 보니 중요성을 간과하는 경우가 많다. 하지만 하나씩 곱씹어 보면 4P를 벗어날 수 있는 것은 없다. 그게 온라인이든 오프라인 사업이든! 좋은 제품을 만들고(product), 가격 책정을 제대로 한 후에(Price), 내가 팔려고 하는 마켓에 상품등록을 한다(Place). 그리고 각종 판매촉진 활동을 진행한다. 이벤트나 디지털 광고를 광범위하게 아우르는 개념으로 보면 된다(Promotion).

오프라인도 비슷하게 공식을 대입할 수 있다. 부동산 매물을 판다고 생각해 보라. 나의 아파트를 적정한 가격에 많은 부동산 중개업소에 내놓는다. 부동산 중개업소에서는 프로모션을 할 것이다. 아파트가 필요한 사람은 네이버에 올라와 있는 각 부동산의 매물 정보를 볼 것이고 거기서 맘에 드는 중개업소를 찾아가서 살펴본 후에 구매를 결정한다.

어떤가? 온라인이나 오프라인 모두 4P에서 기본적인 것이 끝남을 알 수 있다. 비즈니스의 기본 원칙에 이 책에서 강조한 바대로 한 가지를 더 얹혀 보고자 한다. 그것이 바로 Page! 그래서 필자는 이 5P에 대한 이해를 제대로 하기만 한다면 모든 비즈니스에서 복잡한 이론이 필요 없고 단순하게 게임을 풀어갈 수 있으리라고 판단한다.

오프라인에서는 직접 아파트를 사려고 찾아오는 손님에게 보여주고 설명을 할 수 있다. 특히나 인테리어가 잘 되어 있다면 구매자는 자신이 원하는 조건에서 큰 변수가 없는 한 구매하는데 큰 망설임이 없을 것이다. 식당을 운영한다고 생각하면 더욱 이해가 쉽다. 좋은 식재료로 맛있는 음식을 만들었다고 생각해 보자! 인테리어가 좋고 깔끔한 식당에 사람들의 발길이 닿지 않겠는가?

온라인 판매에서의 인테리어가 바로 그것이다. 고객들이 들어와서 주문하고 맛있게 사먹을 수 있도록 해놓는 것! 이렇게 중요한 부분을 차지하는 것이 상세페이지인데, 많은 초보들은 예산을 아낀다고 포토샵을 배우러 가는 경우가 많았다. 하지만 배운 포토샵은 제대로 써보지도 못하고 아까운 시간만 날라간다. 그리고 나의 노동력도 인건비에 해당하지 않는가?

치킨집을 차려도 대충 잡아 1억의 인테리어 비용이 들어간다고 쳐보자. 내 상품을 돋보이게 만들고 또 수천, 수억의 돈을 벌어다줄 상세페이지라면 투자를 해야 정상이지 않겠는가? 그래서 필자는 극단적인 표현까지 썼었다. 상세페이지에 100만 원 투자할 생각이 없으면 온라인 사업을 하지 말아야 한다고 말이다. 이제는 실감이 되지 않는가?

01
이커머스 3가지 파트와 랜딩페이지

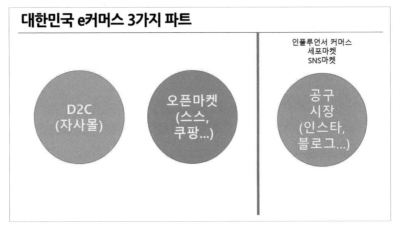

〈그림 1〉 이커머스 3가지 파트

　현재 대한민국의 e커머스 시장은 3가지 파트로 구분되어 있다고 보면 된다. 자사몰이 구축되어 있고 내 쇼핑몰로 고객을 모셔올 수 있는 디지털 퍼포먼스가 강한 업체들은 대부분은 D2C 방식을 선호한다. 왜냐하면 플랫폼에 내야 하는 별도의 수수료를 아낄 수 있기 때문에 그 비용의 상당수를 자사몰의 브랜딩과 직접적인 고객확보에 활용하게 된다. 그렇기 때문에 앞에서 강조한 상세페이지의 중요성이 더더욱 강조될 수밖에 없다. 디지털 광고로 유입된 고객이 바로 상세페이지로 연결되기 때문이다. 이럴 경우는 특히나 랜딩페이지라는 용어가 더 많이 쓰이는 경우도 있다.

홈페이지 방문, 키워드 검색 혹은 배너 광고 등으로 유입된 인터넷 이용자가 최초로 보는 페이지를 말한다. 랜딩페이지는 불필요하거나 혼란을 주는 내용을 최대한 피하고, 방문자가 방문 목적을 쉽고 빠르게 달성할 수 있도록 안내하는 것이 중요한데, 제작자 또는 디자이너가 랜딩페이지를 어떤 형태 또는 방식으로 디자인하느냐에 따라 방문자의 적극적인 참여 또는 행동을 유발할 수 있다.

[네이버 지식백과] 사진촬영 [shooting, 寫眞撮影] (두산백과 두피디아)

고객을 설득하는 과정이 똑같기 때문에 비슷하게 보이는 개념이다. 하지만 별다른 정보 없이 디지털 광고로 나의 쇼핑몰까지 진입한 고객을 붙잡으려면 훨씬 정교한 상세페이지 작업을 해서 구매전환으로 이어질 수 있도록 해야 한다. 우리가 지난 몇 년간 많이 보아왔던 마약베개나 클릭 같은 제품들이 대부분 디지털 마케팅 기업들이 운영하는 쇼핑몰인 것은 이 때문이다. 디지털 광고를 통해서 다양한 지면에서(네이버, 카카오, 구글, 메타, 틱톡 등) 사진과 동영상, 배너 등으로 우리에게 클릭을 유발하도록 해왔기 때문이다.

책의 앞부분에서 상당수를 스마트스토어에 할애한 이유는 대한민국

이커머스의 표준이 되었고 초보자들이 접근하기에 가장 좋은 플랫폼이기 때문이다. 하지만 매출 측면에서 보자면 쿠팡의 점유율이 근소하게나마 높고, 훨씬 더 많은 매출을 일으키기 때문에, 잘 만든 상세페이지 하나를 쿠팡에도 등록할 필요가 있다. 그동안 쿠팡은 스마트스토어에 비해서 상세페이지에 큰 공을 들이지 않은 것이 사실이다. 쿠팡 먼저 시작한 분들이 겪는 공통점이기도 한데, 스마트스토어를 병행하면 요구되는 조건이 많아지다 보니 상대적으로 어렵게 느끼는 분들도 있었다. 다르게 표현하면 쿠팡에서 스마트스토어에 들이는 에너지만큼 상세페이지를 좋게 만들면 매출이 훨씬 더 잘 나오게 되리라는 것은 자명한 사실 아니겠는가?

보통 인스타마켓으로 불리는 인스타 공동구매는 결제문제의 해결이 중요 이슈 중에 하나였다.수많은 간편결제 서비스가 있지만, 스룩페이가 인스타 친화적이기도 하고 가장 많이 쓰이기 때문에 공구에서의 랜딩페이지를 만드는 데에 추천하는 바이다.

〈그림 2〉 스룩페이란? 출처 : 스룩페이(https://srookpay.com/)

〈그림 3〉 스룩페이에서의 주문 방법

　앞에서 스마트스토어와 인플루언서 마켓의 차이점에 대해서 설명했
다. D2C와 오픈마켓이 대세인 지금 왜 인플루언서 마켓은 활성화가 되
는 것일까? 상품의 가짓수는 엄청나게 많아지고 뭘 사야 할지 모르는 시
대이다. 이때 내가 팔로우하고 있는 인플루언서가 제안해 주는 상품은 믿
을 만하다고 판단하기 때문에, 많은 분들이 이용하고 있다. 이마트 대신
'인스타마트' 같다는 말이 나오는 이유가 이 때문 아니겠는가? 여기서 강
조하고 싶은 것은 나의 팔로워들은 나를 믿고 물건을 산다고 하지만, 이
때의 랜딩페이지도 앞에서 배운 것처럼 공을 들여서 만들 필요가 있다는
것이다. 아무리 믿고 산다고 하더라도 고객에게 어필하고 검증된 수많은
장치들이 있다면 더욱 안심하고 물건을 살 수 있게 해주기 때문이다.

02

후기도
상세페이지다

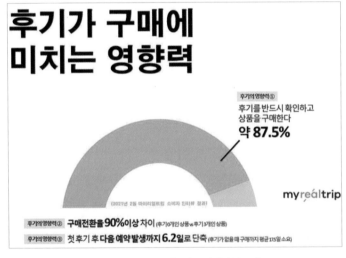

〈그림 1〉 후기가 구매에 미치는 영향력(출처 : 마이리얼트립)

앞에서 후기의 중요성에 대해서는 충분히 설명하였다. 그리고 후기를 하나라도 더 얻기 위해서 얼마나 많은 공이 들어가는지도 알게 되었다. 좀더 과장해서 말한다면 인생이란 후기를 얻기 위한 싸움이 아니겠는가란 생각도 든다. 즉, 평판이라는 말로 대체할 수도 있는데 또 다른 말은 신뢰를 쌓는 것이다. 온라인 판매에서 신뢰를 쌓는 것은 만족한 고객들이 써주는 후기가 최고이지 않겠는가?

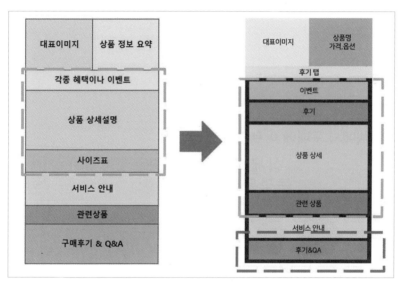

〈그림 2〉 상세페이지 구조의 변화

고객들의 후기가 판매에 결정적인 역할을 한다는 것이 입증되다 보니 많은 판매자들이 후기를 얻기 위해서 고군분투하고 있다. 수많은 이벤트 방법론이 모두 이 후기를 많이 얻기 위한 것들 아니겠는가? 실제로 손편지 등을 써서 고객에게 어필하면 이 각박한 시기에 감동을 하여 후기를 잘 남겨준다는 이야기는 많이 들어보았을 것이다. 이처럼 중요한 후기이기 때문에 지금은 상세페이지 하단에 남겨지는 것 외에도 상세페이지 중간에 많이 삽입하기도 한다.

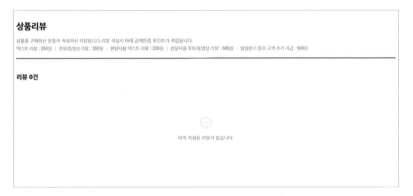

〈그림 3〉 후기가 없는 경우

〈그림 4〉 상세페이지 하단 후기의 중요성을 이해시키기 위한 순서도

앞에서 식당 얘기를 하면서 인테리어 얘기를 했다. 아무리 좋은 식재료로 맛있는 음식을 만들었더라도 식당의 내외부 인테리어가 끌리지 않으면 들어가지 않게 된다. 온라인 판매도 마찬가지다! 아무리 사진을 잘

찍고 움짤을 넣고 잘 만들었다 하더라도 후기가 없으면 고객들은 선뜻 구매를 하려 하지 않는다. 그래서 디지털 광고를 하기 전에 반드시 후기를 얻어 놓고서 집행하라고 강조해서 하는 말이 있다. 후기도 상세페이지다! 마치 식당을 오픈할 때 인테리어를 하듯이 상품판매를 할 때 기본으로 갖추라는 말이다. 특히나 상품을 처음 등록한 상세페이지라면 15개 정도의 후기를 생성해 놓고서 광고를 집행하기를 추천해 드린다. 아무리 광고비용을 1,000만 원 준비해 놓고 광고를 하더라도, 후기가 없는 상태에서 진행하면 큰 낭패를 볼 수도 있기 때문이다.

03

4p + 1p 전략이
중요한 이유

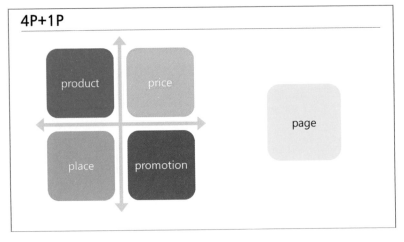

〈그림 1〉 4P와 1P

    5P는 필자가 온라인 판매자들에게 쉽게 기억하기 쉽도록 알려주는 용어이다. 상세페이지를 영어 단어로 표현하기 어려워 그냥 page로 정했다. 그렇게 했더니 별다른 이론적 설명이 없어도 모든 문제는 5P 안에

서 해결이 되었다. 당연하겠지만, 제품에 문제가 있으면 아이템 소싱이나 제품 개발 단계, 브랜드부터 다시 점검해 와야 한다. 그게 되어야 상세페이지를 만들지 않겠는가?

〈그림 2〉 상세페이지 기획과 디자인

아이템이 준비되고 가격이 결정되었다면, 그다음은 상세페이지 제작이다. 상세페이지는 엄밀히 말하면 2단계로 이루어진다. 먼저 기획을 해야 하고, 그걸 바탕으로 디자인을 입혀서 만들어내야 한다. 상세페이지의 역할을 한마디로 한다면 구매전환을 일으키기 위한 장치이다.

〈그림 3〉에서 우리는 3가지 요소가 제대로 갖춰져야만 매출이 기하급수적으로 늘어남을 알 수 있다. 마케팅 예산을 엄청나게 잡아놓고 광고를 하여 유입량을 늘린다 하더라도, 구매전환이 일어나지 않으면 매출은 늘어나지 않는다. 그렇기 때문에 앞에서 알려드린 모든 것들이 5P에서 정리가 되는 것이다. 복잡하게 생각하지 말고, 문제가 생겼을 때마다 5P에서 내가 무엇에 문제가 있는지를 점검해 보자!

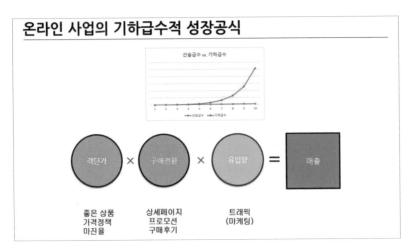

〈그림 3〉 온라인 사업의 성장공식

상세페이지는 제품을 표현하는 종합예술이다, 라는 생각을 자주 합니다. 사진, 영상, 언어 그리고 이야기. 이 모든 요소들이 어우러져 브랜드, 제품의 주제 메시지를 향해 개연성을 갖고 맞물려 돌아가는 상세페이지. 그 자체로 완성된 하나의 작품이라고 볼 수 있을 것입니다.

잘 만들어진 상세페이지 안에는 브랜드와 제품에 관한 서사가 탄탄하게 자리 잡고 있습니다. "소비자는 제품이 아닌 서사(敍事)를 산다. 애플과 테슬라, 샤넬, 구찌, 파타고니아, 디즈니 모두 영감을 주는 이야기를 들려주고 우리를 그들의 세계로 안내한다."(이코노미조선, 2022.1.)라는 세계적인 마케팅 전문가 애나 안델릭의 말에 깊이 공감합니다. 우리 역시 상세페이지에서 제품과 브랜드에 관한 이야기를 일관되게 펼쳐 나가야 합니다. 이야기에 깊이 매료된 고객은 우리의 팬이 됩니다. 그렇게 브랜드 이미지는 공고히 구축됩니다.

단순히 제품에 대한 객관적 사실을 '설명'한다는 생각에서 벗어나야 합니다. 서론, 본론, 결론의 전체적인 구조적 틀을 잡고 그 안에서 어느 부분에 힘을 주어 강조할 것인지를 결정합니다. 제품의 장점만을 계속해서 주장해서는 안 됩니다. 강약을 조절하고 기승전결을 고민해서 완결된 하나의 작품을 만든다는 생각으로 접근합니다.

온라인에서 제품은 직접 만져 본 후 구매하기 어렵습니다. 어떻게 표현하느냐에 따라 제품의 정체성이 결정되죠. 어떻게 표현하고 어떻게 설득하면 효과적일지 연구해야 합니다. 이렇게 잘 짜진 하나의 상세페이지 틀은 다른 제품을 런칭할 때에도 편리한 하나의 템플릿이 되어줍니다. 업무 과정이 단축되는 효과도 기대할 수 있죠. 하나의 상세페이지를 전략적이고 철저하게 제작하는 것이 중요한 이유입니다. 상세페이지를 작성하는 과정을 통해 제품과 시장, 그리고 브랜드에 대해 전반적인 고민이 이루어진다면 더할 나위 없을 것입니다.

온라인 시장의 경쟁은 날이 갈수록 심화되고 있습니다. 상세페이지로 구현된 브랜드의 이미지와 내러티브, 그것을 바탕으로 한 차별화 전략이 필수입니다. 상세페이지를 연구하는 과정이 단순히 물건 하나를 더 판매하는 것에서 한걸음 더 나아가 브랜드의 경쟁력을 갖출 수 있는 또 하나의 기회가 되기를 기대합니다.

부록

상세페이지 셀프제작 코스

1. 교육 대상

- 제품 상세페이지를 제대로 기획해서 하나의 모범 샘플을 만들고
  싶은 자영업자 및 기업체
- 망고보드를 활용하여 전문 업체에 맡긴 것 같은 퀄리티의
  상세페이지를 제작하고자 하는 자영업자 및 기업체

2. 교육 내용

- 철저한 상세페이지 벤치마킹 및 분석
- 브랜드, 상품 분석 및 스토리텔링
- 상세페이지 필수 구성요소
- 제품 사진 촬영 및 움짤/동영상 제작법
- 망고보드 활용 상세페이지 제작법

3. 교육 대상
- 온라인 사업을 시작하는 개인사업자 및 기업
- 상세페이지 제작 업체 의뢰 전 상세페이지 기획 예정인 기업
- 기업 상세페이지 담당자

4. 교육 기간 및 인원
- 원데이 클래스
- 소규모 그룹 컨설팅
- 온라인 컨설팅 등

■ 문의
- 거상스쿨 교육팀장 010−5795−8075
- 거상스쿨 웹 사이트
  https://geosangschool.com/
- 거상스쿨 네이버카페
  https://cafe.never.com/shopmanagement

상세페이지 완전정복
DVD 온라인 강의 코스

지역이나 시간상 제약으로 인해 오프라인 강의, 컨설팅에 참여하기 어려웠던 많은 분들의 요청으로 온라인 동영상 강의를 제작했습니다. 시간 장소에 구애받지 않고 매출을 올려주는 상세페이지 제작 기획법에 대해 상세히 학습할 수 있습니다.

강사	시간	주요내용
임헌수	2H	기하급수적 성장을 위한 온라인 판매 공식
조해윤	5H	• 온라인 판매에 있어서 상세페이지의 중요성 • 상세페이지 작성 준비 과정과 구성요소 • 제품 타깃 파악하기 • 제품 특장점 파악하기 • 상세페이지 벤치마킹 특급팁 • 상세페이지 구성요소 기획하기 • 카테고리별 상세페이지 예시 • 제품 사진/동영상/움짤 제작법 • 망고보드 활용법

비싼 돈을 주고 상세페이지를 맡기더라도 기획이 제대로 되어 있지 않으면 매출을 올려주는 상세페이지를 결코 만들어낼 수 없습니다. 결국 브랜드와 제품 특장점, 벤치마킹 대상과 타깃에 대한 치열한 고민과 분석이 얼마나 이루어졌느냐와 그것을 어떻게 상세페이지에 구현해 냈느냐의 문제입니다. 그 방법을 세심하게 영상으로 담았습니다. 오프라인 강의로 배우는 것 못지않은 상세한 퀄리티의 강의 영상을 제공합니다.

■ **문의**

- 거상스쿨 교육팀장 010-5795-8075
- 거상스쿨 웹 사이트
  https://geosangschool.com/
- 거상스쿨 네이버카페
  https://cafe.never.com/shopmanagement